U0690976

ANNUAL REPORT ON GREEN
AND LOW-CARBON DEVELOPMENT
OF SHENZHEN

深圳市绿色低碳发展年度报告

（2023）

国研智库研究项目组　著

中国发展出版社
CHINA DEVELOPMENT PRESS

图书在版编目（CIP）数据

深圳市绿色低碳发展年度报告 .2023 / 国研智库研究项目组著 .—北京 : 中国发展出版社，2024.6

ISBN 978-7-5177-1418-7

Ⅰ.①深…　Ⅱ.①国…　Ⅲ.①绿色经济 – 低碳经济 – 区域经济发展 – 研究报告 – 深圳 –2023　Ⅳ.①F127.653

中国国家版本馆 CIP 数据核字（2024）第 094198 号

书　　　　名：深圳市绿色低碳发展年度报告（2023）
著作责任者：国研智库研究项目组
责 任 编 辑：钟紫君　吴　思
出 版 发 行：中国发展出版社
联 系 地 址：北京经济技术开发区荣华中路 22 号亦城财富中心 1 号楼 8 层（100176）
标 准 书 号：ISBN 978-7-5177-1418-7
经 销 者：各地新华书店
印 刷 者：北京博海升彩色印刷有限公司
开　　　本：880mm×1230mm　1/32
印　　　张：4.75
字　　　数：64 千字
版　　　次：2024 年 6 月第 1 版
印　　　次：2024 年 6 月第 1 次印刷
定　　　价：58.00 元

联 系 电 话：（010）68990535　68360970
购 书 热 线：（010）68990682　68990686
网 络 订 购：http://zgfzcbs.tmall.com
网 购 电 话：（010）68990639　88333349
本 社 网 址：http://www.develpress.com
电 子 邮 件：2857118@qq.com

版权所有·翻印必究

本社图书若有缺页、倒页，请向发行部调换

目 录
CONTENTS

图表目录

总　论
INTRODUCTION

党的二十大报告强调，推动经济社会发展绿色化、低碳化是实现高质量发展的关键环节；积极稳妥推进碳达峰碳中和；推动能源清洁低碳高效利用，推进工业、建筑、交通等领域清洁低碳转型。站在新的历史起点上，深圳作为改革开放的排头兵、先行地、实验区，坚决落实碳达峰碳中和战略决策，大力推动城市发展方式绿色低碳转型、建设资源节约型和环境友好型社会、培育绿色生活方式，助推经济社会全面绿色低碳转型迈上新台阶。

2023 年，深圳市地区生产总值（GDP）达 3.46 万亿元，增长 6.0%，增速居国内大中城市前列。规模以上工业总产值、工业增加值连续 2 年实现全国城市"双第一"，规模以上工业增加值增长 6.2%。战略性新兴产业增加值增长 8.8%，占地区生产总值比重提高到 41.9%。市场主体活力持续激发，商事主体达 422.6 万户，新登记商事主体达 56.5 万户、增长 26.4%。大梧桐生态融合区正式纳入深圳市重点片区，以实际行动探索超大城市"两山"转化、"三生"融合发展新路径。

绿色低碳产业体系方面

深圳市加快发展新质生产力，做大做强"20+8"战略性新兴产业集群和未来产业。新能源、新材料、智能机器人等 7 个产业集群产值实现两位数增长。数字经济核心产业增加值突破万亿元。智能手机、显示器、平板电脑产量分别增长 10.2%、16.2%、24.2%。大力鼓励认证机构扩充国推绿色产品认证资质，鼓励企业积极申请绿色产品认证。2023 年，深圳市新增有效绿色产品认证证书 79 张，绿色服务业水平显著提升。

绿色低碳科技创新方面

2022 年深圳市全社会研发投入 1880.5 亿元、同比增长 11.8%，占地区生产总值比重提升至 5.81%。

2023 年，通过《专利合作条约》(PCT) 提交的国际专利申请量连续 20 年居全国城市首位。深港穗科技集群连续 4 年排名全球第二位。在核能、氢能、储能、水资源、绿色低碳等领域累计立项基础研究项目 38 项，支持零碳能源、碳捕集利用与封存、热回收与再利用等前沿技术研究 11 项。在新能源领域支持创新载体 3 个，在节能环保领域支持创新载体 5 个，2 家在深单位入围国家能源局首批"赛马争先"创新平台，技术创新支撑绿色低碳发展取得新突破。

现代能源体系方面

深圳市加快构建新型能源体系，清洁能源装机比重达 78.7%，加快建设光明燃机电厂、妈湾电厂升级改造等项目。建设世界一流"超充之城"，出台充电基础设施建设三年行动规划，2023 年新增新能源汽车充电桩 16.1 万个、累计 28.7 万个，建成投用超级快充站 161 座、车网互动站 70 座、综合能源补给站 30 座。建成运行全球首个"光储充放一张网"和虚拟电厂管理平台 2.0，实时可调负荷达 50 万千瓦。面向全球发布《2023 深圳数字能源白皮书》。

绿色低碳交通方面

在率先实现公交车、巡游出租车 100% 纯电动化的基础上，深圳市前瞻导入物流、环卫、机场用车场景，已实现环卫车和牵引车等纯电动重卡的规模化和商业化普及。截至 2023 年底，深圳市纯电动货车推广规模已达 13 万辆，其中纯电动物流配送车辆 12.6 万辆，纯电动泥头车 0.4 万辆，保有量均居全球第一位，荣获全国"绿色货运配送示范城市"称号。2023 年深圳市新推广新能源汽车 23.2 万辆，渗透率达 67.9%，保有量超 97 万辆。深圳市交通运输事业发展的智慧低碳底色越来越浓，有效实现市民出行和货物运输碳排放、污染物排放下降的目标。

绿色建筑方面

深圳市入选首批"国家智能建造试点城市"，高度重视建筑智能化转型，全力实施智能建造"六大体系"建设，奋力从智能建造国家"试点"迈向"示范"引领。2023 年，新增绿色建筑 2500 万平方米、装配式建筑 2380 万平方米，建成超低能耗、近零能耗、零碳建筑 68 万平方米。深圳市成为全国绿色建筑建设规模最大和密度最高的城市之一。

生态环保和治理方面

2023 年深圳市空气质量优良天数比例达 97.8%，PM2.5 年平均浓度为 17.6 微克 / 立方米，空气质量在全国超大城市中保持领先。水环境治理向"全面达优"迈进。东部海域水质长期保持一类，西部海域入海河流总氮浓度同比下降 14.1%。开工建设 4 座水质净化厂，新建、修复污水管网 118 千米，创建污水零直排小区 4080 个，污水集中收集率 84.7%，再生水利用率提升至 76%。完成龙华河、福海河等 49 个水生态修复工程，地表水国控省控断面水质优良比例达100%。

绿色生活消费方面

深圳市探索建立废旧物资碳减排机制，争取率先建成城市废旧物资高效循环利用"城市典范"，新增厨余垃圾处理能力 1200 吨 / 日、危险废物收集处理能力 616 吨 / 日，生活垃圾回收利用率提升至 48.5%，建筑废弃物资源化利用率达 30.9%。全面提升居住品质，实施首批 40 个城中村统筹规划和整治提升试点项目，完成老旧小区改造 230 个、加装电梯 388 台。全球首个国际红树林中心落户深圳，成为深圳亮丽的生态名片。

绿色低碳国际开放合作方面

深圳市建立开放包容、共建共享、合作共赢的国际合作机制，推动粤港澳大湾区碳足迹认证，加强深莞惠都市圈生态环境共保共治，连续举办高水平的深圳国际低碳城论坛，举办中国国际高新技术成果交易会，组织首届国际数字能源专题展会，推动绿色低碳发展合作向更宽领域、更深层次、更高水平拓展，形成了一批特色亮点做法，为全球提供"深圳方案"。

本报告是第 2 份"深圳市绿色低碳发展年度报告"，阶段性梳理总结了 2023 年深圳市绿色低碳发展的工作与成果，重点展现新出台的政策、行动和成效。站在新的历史起点上，深圳市将继续发扬"敢闯敢试、敢为人先、埋头苦干"的特区精神，深入贯彻新发展理念，全面推动高质量发展，实施高水平保护，创造高品质生活，实现高效能治理，努力走出一条有时代特征、中国特色、深圳特点的可持续发展新路，为国内外绿色低碳发展贡献"深圳智慧"。

第一章

绿色低碳发展顶层设计持续推进

深圳市始终坚持把绿色低碳发展融入经济社会发展的各方面，持续推动城市可持续发展。深圳市坚持政府主导、加强统筹协调，成立了深圳市碳达峰碳中和工作领导小组，由市委主要负责同志任组长、市政府主要负责同志和市政府分管负责同志任副组长、相关单位主要负责同志任成员。2023年，深圳市大力探索绿色低碳发展路径，创建多个全国率先、全国首创、全国唯一，为我国绿色低碳发展提供"深圳经验"。

一、双碳"1+N"政策体系形成

1. 率先出台碳达峰实施方案

2023年10月7日，深圳市人民政府印发《深圳市碳达峰实施方案》（以下简称《实施方案》），聚焦"十四五"和"十五五"两个碳达峰关键期，提出了率先建立实施碳排放双控制度、控制单位地区生产总值二氧化碳排放等相关目标，围绕碳排放重点领域和关键环节，提出实施"碳达峰十大行动"。深圳也成为全国第一个在碳达峰实施方案中明确提出建立并实施碳排放双控制度的城市。《实施方案》是深圳市贯彻落实习近平生态文明思想和国家"双碳"目标的重要指南和纲领性文件，为深圳市加快推进能源绿色低碳转型、优化经济结构和增长方式、提升城市绿色发展水平、增强城市国际竞争力提供了方向指引和制度保障。

2. 配套政策体系逐步完善

在《实施方案》这一纲领性文件基础上，深圳市陆续出台了一系列配套政策，包括能源、工业、交通、建设、碳汇、市场、全民等重点领域的 7 个行动计划，各区节能降碳行动计划，以及减污降碳、气象、标准计量、科技创新、碳交易等 5 个配套支持政策，形成了目标明确、分工合理、措施有力、衔接有序的"1+N"政策体系（图 1-1）。"1+N"政策体系的完善和逐步落实，为深圳市全面推进绿色低碳发展、稳妥推进碳达峰碳中和奠定了良好基础，将进一步擦亮"深圳蓝""深圳绿"等城市名片。

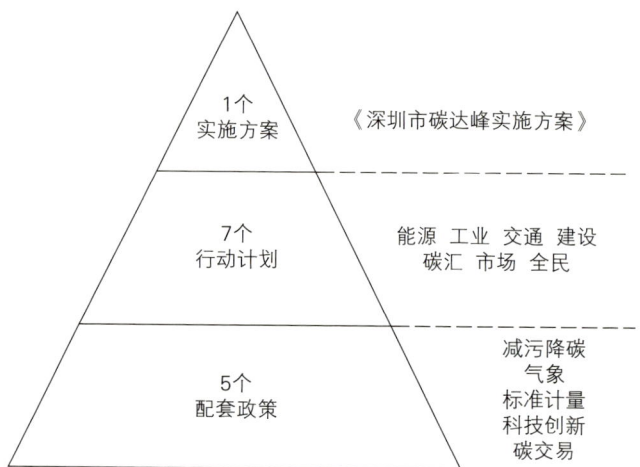

图 1-1 双碳"1+N"政策体系

资料来源：作者绘制。

专栏 1-1 碳达峰十大行动

《深圳市碳达峰实施方案》围绕碳排放重点领域和关键环节，将碳达峰贯穿经济社会发展各方面和全过程，实施能源绿色低碳转型行动、节能降碳增效行动、工业绿色低碳行动、交通运输碳达峰行动、城乡建设绿色低碳行动、科技赋能碳达峰行动、市场助力碳达峰行动、生态系统碳汇提升行动、绿色低碳全民行动、碳达峰试点示范行动等"碳达峰十大行动"。

一是能源绿色低碳转型行动，推进"控煤、减油、增气、增非化石、输清洁电"，合理控制煤炭和石油消费，充分发挥天然气支撑作用，大力布局发展新能源，构建现代智能电网体系。

二是节能降碳增效行动，坚持把节约能源资源放在首位，增强节能降碳管控能力，推动重点用能设备节能增效，加强数据中心、基站等新型基础设施节能降碳工作，推动减污降碳协同增效。

三是工业绿色低碳行动，坚持工业立市，抢抓绿色变革契机，构建工业领域绿色发展格局，推动数字化赋能工业绿色发展，加强绿色制造体系建设，提升资源节约循环利用水平。

四是交通运输碳达峰行动，持续优化交通运输结构，推进运输工具装备低碳转型，加快绿色交通基础设施建设。

五是城乡建设绿色低碳行动，坚持将绿色低碳要求贯穿城乡规划建设管理各环节，规划引领低碳发展，大力推进新建绿色建筑，实施建筑节能低碳改造，持续优化建筑用能结构，践行绿色低碳城市管理理念。

六是科技赋能碳达峰行动，切实发挥科技创新对碳达峰工作的支撑作用，构筑绿色科技创新平台，汇聚全球绿色创新人才，开展绿色低碳关键技术攻关，前瞻布局低碳前沿技术，推动创新成果转化示范应用。

七是市场助力碳达峰行动，发挥市场配置资源的决定性作用，加强绿色交易市场建设，建立健全绿色投融资机制，完善绿色价格机制。

八是生态系统碳汇提升行动，推动"山海连城绿美深圳"生态建设，巩固生态系统固碳作用，提升森林碳汇储备，挖掘海洋湿地碳汇潜力。

九是绿色低碳全民行动，把绿色低碳理念转化为全社会自觉行动，加强生态文明宣传教育，推广绿色低碳生活方式，强化企业社会责任意识。

　　十是碳达峰试点示范行动，牢记先行示范使命，开展各重点领域、片区、企业、社区、公共机构等多层次的试点示范。

二、试点示范引领减碳落地实施

1. 积极推进绿色低碳园区建设

　　推动数字化、智能化技术在产业园区示范应用，实施重点领域更新和技术改造，加速产业园区全面绿色低碳转型，促进新质生产力发展，助力深圳打造数字能源先锋城市和能源安全韧性城市。因地制宜、因园施策，组织各区根据园区产权、基础设施、电力条件等因素，有序确定绿色低碳产业园区改造任务。重点在非化石能源开发、综合能源系统和智慧微网建设、节能降碳改造和能源梯级利用等方面开展绿色低碳改造。

2. 入选广东省首批碳达峰碳中和试点名单

　　为贯彻落实《广东省碳达峰碳中和试点建设实

施方案（2023—2030年)》和《广东省碳达峰实施方案》（粤府〔2022〕56号）开展多层次试点示范创建行动工作要求，广东省开展了第一批碳达峰碳中和试点申报工作，遴选出48个碳达峰碳中和试点。

其中，深圳市入选广东省第一批碳达峰碳中和城市试点，深圳市大梅沙社区入选社区试点，深圳市锦田小学、深圳市儿童公园、深圳市罗湖区中医院等7个单位入选公共机构试点，深圳市南山区红花岭基地和深圳市中建绿色产业园（A区）入选园区试点，深圳市蛇口大厦、深圳北站综合交通枢纽配套建筑等入选企业（项目）试点（表1-1）。

表1-1　深圳市入选广东省首批碳达峰碳中和试点情况

类型	名单
城市试点	深圳市
社区试点	深圳市大梅沙社区
公共机构试点	深圳市锦田小学
	深圳市儿童公园
	深圳市罗湖区中医院
	深圳市府二办
	深圳市龙岗区建设大厦
	深圳市福田区委大院
	深圳市福田区新洲小学

类型	名单
园区试点	深圳市南山区红花岭基地
	深圳市中建绿色产业园（A区）
企业（项目）试点	深圳市蛇口大厦
	深圳北站综合交通枢纽配套建筑
	深圳盐田国际集装箱码头
	深圳冠旭电子股份有限公司
	深圳福田口岸的士驿站建设近零碳光储直柔超充示范项目

资料来源：《广东省第一批碳达峰碳中和试点名单》。

专栏1-2 广东省碳达峰碳中和试点项目案例

大梅沙万科中心自循环碳中和园区

大梅沙万科中心总建筑面积约122060平方米，项目于2009年9月竣工。该项目将通过为期四年的更新改造，打造成国际级碳中和实验园区。目前已完成第一期改造，改造内容包括微电网系统、实验性项目、生物多样性、零废物循环机制、运动健康和智慧运营系统等，将原办公型绿色建筑打造为集教育、孵化、展览、会议等功能于一体的先锋示范型碳中和园区，建筑综合节能率达到85%，可再生能源利用率提高至 85%，并通过绿电交易实现运营期间 100% 绿电供应。一期改造工程生物圈三号·大梅沙万科中心碳中和实验园区先后获评深圳市首批近零碳排放示范建筑、近零能耗建筑认证、全球零碳城市创新典范奖（铂金奖）、2023 金钥匙 SDG 行动荣誉奖，成功入选《碳达峰、碳中和可持续发展案例 2022》、绿色金融工作组（GFWG）白皮书、国家气候投融资重点项目库，获得 RESET 隐含碳认证，成为广东省唯一的生态环境部绿色低碳典型案例。

深圳市锦田小学近零碳项目

深圳市锦田小学于 2021 年入选深圳市首批近零碳试点校园项目，是首批近零碳排放试点校园，2023 年入选广东省首批碳达峰碳中和试点项目、深圳市城市绿色低碳场景示范基地。该校采用光伏建筑一体化（BIPV）、数字钱包充电桩、建筑节能改造、用能设备智能管控、雨水回收与中水利用、校园碳汇、数字化碳管理平台、低碳科普空间、"双碳"教育等一体化方案。其中，光伏面积总计 3361 平方米，光伏建筑一体化面积 2477 平方米，总装机容量 730 千瓦，年均发电量 60.49 万千瓦时，减少校园碳排放总量 40%。已完成建筑围护修缮，建筑本体节能率达到 20%，建筑综合节能率达到 50%，达到超低能耗建筑标准。雨水收集池容积 169 立方米，可收集雨水、洗菜水和洗手水，自来水重复利用率达到 30%。屋顶生态农场 1200 平方米，地面由学生种植面积 240 平方米，校园绿化率 45% 以上。该校还建成数字化碳管理平台，实现对能耗、光伏、充电桩、废弃物、绿地、水等系统数据的全采集、全管理。此外，该校打造近 900 平方米低碳科普空间，由低碳长廊、低碳展示馆、低碳科技馆 3 个部分组成，包括体感游戏、互动屏幕、沙盘模型和图文展示等 23 个体验互动场景。锦田小学以"场景＋教学"双轮驱动，构建"双碳"理念融入教材、融入课程体系、融入生活实践、融入学校空间、融入未来发展的"五融"教育体系，举办"双碳"课程，已培训学生 3500 人次，安排学生外出参观碳中和生态基地、生活垃圾分类科普馆等场所 1600 人次，突出发挥"双碳"战略、节能降碳在教育领域和社会面的宣传效应。

3. 城市绿色低碳场景建设取得新进展

2023 年 11 月 26—28 日，2023 碳达峰碳中和论坛暨深圳国际低碳城论坛在深圳举行，论坛以"绿色引领，碳索未来"为主题。为打造低碳样板、树立绿色先锋，论坛开幕式上举行了"2023 城市绿色低碳场景示范基地"授牌仪式，共有 12 个优质绿色低碳场景获得授牌，涵盖公共设施、产业园区、消费商圈、校园空间等。获得授牌的项目分别是：华润电力碳捕集、利用与封存（CCUS）工程示范项目，华润三九观澜基地近零碳排放园区，深圳市罗湖怡景幼儿园，生物圈三号·大梅沙万科中心碳中和实验园区，印力海梁新能源汽车超充综合体验中心，龙岗能源生态园，罗湖知汇广场近零碳排放建筑试点项目，福田水质净化厂，深圳市锦田小学，百旺信智算中心，创维创客天地科技城，深圳北站综合交通枢纽光储一体化示范项目。

专栏 1-3　新桥世居近零碳示范社区

新桥世居占地面积约 16000 平方米，历时一年多，通过 140 多项绿色低碳技术的应用，新桥世居已被打造成为深圳首个近零碳与可持续发展示范社区。社区通过安装光伏电站，实施由绿色能源岛支撑的区域分布式供能，年均发电量约 54 万千瓦时，可减少碳排放 421 吨。其中，光储充一体化停车场利用先进防逆流控制技术发电，将光伏电力储存在蓄电站中，可供纯电动汽车日常充电，做到自发自用。该电站光伏组件面积 1026 平方米，平均年发电量 24 万千瓦时，每年减碳 190 吨。

通过数字技术，线上"近零碳社区"平台推动碳普惠更快融入居民生活。该线上平台已经支撑社区构建常态化低碳运营体系，实现低碳生活"文化圈""公益圈""社交圈"联动；借助可视化智慧大屏，从个人、家庭、社区 3 个维度形成从线上到线下的碳流追踪与碳足迹闭环；依托智碳运营中心，进入社区的居民和访客通过扫码登录，即可与社区碳智慧管理平台连通，利用人工智能和大数据技术构建个人碳中心，对自身碳足迹和碳排放等一目了然；通过对社区居民与访客的集中碳管理，进一步修正绿色出行模式和生活习惯，实现了居民个体近零碳排放。

4. 第三批近零碳排放区试点项目顺利启动

按照《深圳市近零碳排放区试点建设实施方案》《深圳市近零碳排放区试点建设指引》等政策计划，深圳市已完成了两批近零碳排放区试点项目申报工作，共确定两批次 56 个近零碳排放区试点项目（图 1-2）。2023 年 7 月，深圳市启动第三批近零碳排放区试点项目申报工作，在全市范围内征集第三批近零碳排放区试点项目，计划新建 20 个以上近零碳排放区。第三批征集的近零碳排放区试点项目包括区域、园区、社区、校园、建筑、企业六大类型，试点项目需具备较大的减排潜力或较好的低碳基础，具有一定的示范带动作用。

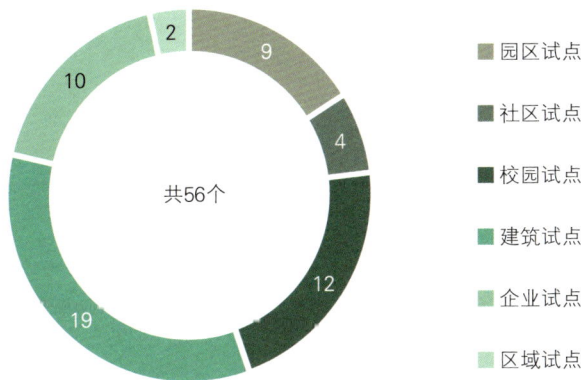

图 1-2　深圳市近零碳排放区试点项目分布

资料来源:《深圳市近零碳排放区试点项目名单》。

专栏 1-4　光明国际汽车城近零碳项目

光明国际汽车城位于光明区油麻岗工业区，总占地面积 92.5 万平方米，主要业态是汽车市场、办公、酒店、公寓、商业等；项目毗邻 68.4 万平方米的明湖公园，自然环境优越，已成为光明区新晋网红打卡目的地。项目致力于打造成为湾区规模最大、品牌最全、服务最优、环境最美的汽车 4S 店集群，建设集交易展示、文化休闲、科技研发、体验消费、综合服务于一体的粤港澳大湾区汽车高端体验消费新中心。

光明国际汽车城目前建立了集中供冷站，并正在筹备建设以分布式光伏发电和绿色建筑为核心的近零碳项目。集中供冷系统每年可节省310万千瓦时电量，光伏发电每年可节省300万千瓦时电量，电化学储能每年可节省36万千瓦时电量，蓄冷水罐每年可节省451万千瓦时电量，共计可节省电量1097万千瓦时。由电量折算，可减少二氧化碳排放4949吨，再加上碳汇面积减少二氧化碳排放74吨，共计可减少二氧化碳排放约5023吨。

三、扎实推进碳排放双控转变工作

《深圳市碳达峰实施方案》中明确提出，要率先建立并实施碳排放双控制度，为国家全面推动能耗双控逐步转向碳排放双控提供"深圳经验"。为扎实推进双控转变工作，深圳市进行了一系列工作部署，为全国双控转变提供有力参考。比如，研究编制"深圳市能耗双控逐步转向碳排放双控试点实施方案",完善碳排放统计核算制度体系;建立碳排放双控目标责任和评价考核制度,科学合理分解碳排放双控目标;健全碳预算管理、标准计量认证体系以及财政金融等配套制度,全面夯实碳排放双控基础,逐步实施能耗双控转向碳排放双控,为深圳碳排放总量高质量达峰和绿色低碳高质量发展提供坚实制度保障,为全国推动能耗双控逐步转向碳排放双控贡献深圳经验。

第二章

绿色低碳技术创新取得新突破

深圳市将科技创新作为推动绿色低碳发展的重要力量，持续加强绿色技术研发和推广应用，推动绿色平台建设走在前列、绿色技术创新应用名列前茅，着力打造绿色科技创新策源地和高质量发展新引擎，全面提升绿色低碳科技创新水平。

一、绿色技术研发取得积极成效

1. 扎实推进绿色技术基础研究

深圳市出台了《深圳市关于加强基础科学研究的实施办法》，在全国率先以立法形式规定对基础研究的投入比例不低于市财政科技专项资金的30%，加强基础研究顶层设计，增强创新策源能力，实现更多

"从 0 到 1"的突破。截至 2023 年底，在核能、氢能、储能、水资源、绿色低碳等领域累计设立基础研究项目 38 项。加强对零碳能源、碳捕集利用与封存、热回收与再利用、碳计量等科学问题和颠覆性技术的前沿研究，合计支持 11 个基础研究项目。重点支持南方科技大学、深圳华中科技大学研究院、深圳大学等分别围绕新型太阳能电池、水制氢关键技术和材料研发、建筑业碳排放计量技术开展研究。强化节粮减损研究，提升粮食生产技术、储运减损技术、粮食加工技术水平。

2. 关键核心技术攻关成果丰硕

截至 2023 年底，深圳市在新能源、绿色低碳、节能减排、碳捕集利用与封存等关键核心技术领域累计立项技术攻关项目 20 多项。加强对可再生清洁能源、高效节能、储能、水污染控制技术、大气污染控制技术、固体废弃物污染控制技术等领域的技术攻关，合计支持项目 18 个。比亚迪、禾望电气、清华大学深圳国际研究生院分别在磷酸铁锂动力电池关键核心技术、新能源发电调度运行关键技术、锂离子电池用石墨和石墨烯材料方面获得国家技术发明奖二等奖；华星光电在薄膜液晶显示器件产业化方面获得广东省科学技术奖一等奖；比亚迪在大容量锂离子电池储能电站方面获广东省科学技术奖二等奖，关键技术竞争力日益增强。中国科学院深圳先进技术研究院的"二氧化碳人工合成葡萄糖和脂肪酸"重要成果入选2022年中国十大科技进展新闻，凸显深圳原始创新能力实现大幅提升。

专栏 2-1　深圳绿色技术攻关成果

积极探索谋划海洋碳汇研究

深圳市出台《深圳市海洋发展规划（2023—2035年）》，探索海洋碳汇前沿领域，积极参与国际海洋碳汇领域研究和交流工作。建立健全海洋碳汇监测评价体系，开展海洋碳汇监测技术研究。研究海洋碳汇中增汇固碳机制的原理、方法和政策体系，持续完善海洋碳汇标准体系，优化海洋碳汇核算系统的理论方法，推动建立碳汇计量相关技术方法与标准，打造海洋碳汇核算公共产品。探索建立海洋碳汇交易制度、"蓝碳"经济体系、碳金融创新等方面的标准与机制，推动海洋资源价值转化。

加强海岸带生态修复技术指导应用

印发《深圳市海岸带生态修复技术指引（试行）》，为海岸带生态修复工程实施、最大程度恢复和改善海岸带生态功能、提升海岸带减灾防灾能力提供技术支撑。积极推广生态海堤建设，因地制宜开展堤前带、堤身带、堤后带的生态海堤建设及海堤生态化改造。优化海堤断面选取思路，结合后方城市开发，运用"宽度换高度"原理，通过结构优化降低堤顶高程，营造开放且有层次的滨海空间。采取优化堤身结构型式、运用生态建筑材料、种植植被等措施对海堤进行生态化建设，构筑防灾减灾、生态保护、固碳增汇协同增效的海岸带生态屏障。

PM2.5 和臭氧协同治理先行先试

深圳市坚持科技引领和标准先行，在全国较早开展PM2.5源解析和主要大气污染源排放清单编制，率先建成覆盖全市74个街道的"一街一站"网格化大气监测体系，推动数据互联共享，为精准溯源、精准施策提供了基础支撑。此外，开展对标、定标、达标行动，推动制定建筑领域涂料与胶粘剂产品环保标准、燃气锅炉和电厂大气污染物排放标准等 5 项严于国标、省标的地方标准。先后共发布 20 余项地方标准、技术指引或治理指南，以高标准、严要求倒逼企业绿色转型发展。

二、绿色技术推广应用不断强化

为加快绿色低碳技术推广应用，深挖重点领域节能降碳潜力，助力深圳以先行示范标准推进碳达峰碳中和，2023 年 6 月深圳市面向全市公开、广泛征集先进适用绿色低碳技术、设备（产品），择优发布《深圳市绿色低碳技术、设备（产品）推广目录（2023 年版）》。征集范围为：节能环保、新能源汽车、清洁能源、生态保护修复与利用、基础设施绿色升级等领域的新技术、新工艺、新产品。申报主体为：在深圳市（含深汕特别合作区）内依法登记注册且具有独立法人资格的企事业单位，包括绿色低碳技术、设备（产品）

制造企业、技术服务单位、技术应用单位、高校科研院所和行业协会等。在推广目录中，深圳市对部分绿色低碳技术进行了详细介绍和宣传推广。

专栏 2-2　部分绿色低碳先进技术简介

表 2-1　比亚迪八合一电驱动总成

技术、设备（产品）及内容	基本原理	从高压部组件整体系统考虑，进行多维度深度集成，将电机、电机控制器、减速器、OBC、DC/DC、PDU、VCU、BMS 等独立部件融合为动力域多合一；继续深度整合高压动力域零部件，持续提升新能源汽车电驱总成的性能，进一步降低高压动力域部组件的成本
	关键技术	高集成度动力域总成系统、新型电气架构与功能融合技术、高效高精度电驱系统、低振动噪声机电耦合系统
	工艺流程	驱动总成系统朝着高集成、高转速、高功率密度、高安全、低成本方向发展，由分立零部件到动力总成高度集成，由单一功能到功能复用集成
主要技术指标		八合一电驱动总成有效利用动力电池能量，将动力和热能统一管理。动力系统效率 ≥ 89%，电控电机功率密度分别达到 40 千瓦/升和 5.8 千瓦/千克，高效温度范围 -30℃～60℃，OBC 充电效率 ≥ 94%，噪声水平 76 分贝

资料来源：比亚迪股份有限公司。

表 2-2 比亚迪骁云系列高效率发动机

技术、设备（产品）及内容	基本原理	发动机开发过程中，通过节能新技术的应用，在扭矩和功率满足整车动力性要求的前提下，最大限度地降低发动机油耗和提升发动机 NVH 性能，从而开发出热效率行业领先的骁云系列发动机
	关键技术	阿特金森／米勒循环、高压缩比、高速燃烧系统、冷却 EGR 技术、VGT 增压器、低摩擦技术／低黏度机油、中置 VVT、集成排气道气缸盖、缸体缸盖分体式冷却、双调温器、二级变排机油泵、智能热管理系统、350 巴（bar）高压燃油喷射系统等
	工艺流程	零部件来料—机械加工—发动机内装—发动机外装—整机下线—出厂检验
主要技术指标		最高热效率、NVH、功率、扭矩

资料来源：比亚迪股份有限公司。

表 2-3 华为全液冷超快充一体充电系统

技术、设备（产品）及内容	基本原理	采用模块化设计，充电功率动态分配，灵活配置超充和快充数量，支持高压快充车型、网约车、物流车等各种车辆充电
	关键技术	采用直流母线架构，支持叠光，直流叠储，光储充一体化，支持主机功率扩容，快充终端升级为超充终端，支持未来平滑演进
	工艺流程	采用全液冷技术（主机液冷、功率模块液冷、充电终端液冷）
主要技术指标		采用全液冷技术（主机液冷、功率模块液冷、终端液冷），长寿命（≥ 10 年），噪声低（≤ 55 分贝），大功率（600 千瓦），充电 5 分钟行驶 200 千米

资料来源：华为技术有限公司。

表 2-4　南方电网深圳供电局虚拟电厂调控管理
云平台及国产化终端设备

技术、设备（产品）及内容	基本原理	通过聚合并协调用户侧海量分布式灵活资源参与电网运行，极大提升电力系统运行的安全性、可靠性、经济性和灵活性，同时也协助分布式资源参与多品种电力市场交易，提升电力系统能效管理水平、促进新能源消纳、增强系统调节灵活性、降低二氧化碳排放
	关键技术	虚拟电厂调控管理云平台服务虚拟电厂运营商参与系统调节和电力市场。该成果采用 5G+ 轻量加密的融合终端技术，实现协议自适应识别转换和风险阻断，降低 60% 用户接入成本
	工艺流程	1. 创新提出数模融合的分布式资源在线响应特性建模及高效聚合技术、虚拟电厂协同城市电网的低碳调度技术，以及面向多种类市场的虚拟电厂优化运营技术； 2. 研发虚拟电厂系列并网控制终端，部署国内首个网地一体虚拟电厂调控管理云平台，打通虚拟电厂接受网/省/地各级电网调度的交互通道，提出虚拟电厂电碳监测业务体系并开发电碳监测和低碳协同调度功能模块； 3. 通过绿色低碳市场机制建设、商业模式创新、低碳目标调度、电碳溯源及追踪、推动绿色用户广泛参与等措施，真正实现虚拟电厂能源生产、交易和利用环节的低碳化，并在碳交易、碳核算、碳资产管理等方面发挥重要作用

续表

主要技术指标	1. 完成虚拟电厂并网运行与控制装置研发，装置硬件采集精度 ≥ 1 级，授时精度 ≤ 1 毫秒，SM1/SM4 加解密速度 ≥ 3 兆比特 / 秒，完成虚拟电厂国产自主可控加密通信模组、虚拟电厂响应性能测试装置样机研发； 2. 研发完成考虑电碳耦合的虚拟电厂绿色低碳优化运行技术仿真推演软件 1 套、虚拟电厂参与南方区域统一电力市场的关键技术仿真推演软件 1 套； 3. 研发完成虚拟电厂参与电网调频系统 1 套以及云管边端协同的虚拟电厂智能调控技术支持系统 1 套，支撑虚拟电厂参与网 / 省 / 地削峰填谷、调峰、调频、电能量等多样化应用

资料来源：南方电网深圳供电局。

三、能源创新平台建设走在前列

1. 绿色创新载体数量保持领先

截至 2023 年底，深圳市拥有国家实验室 1 家、国家实验室深圳基地 1 家、全国重点实验室 13 家、广东省实验室 4 家、深圳市重点实验室 381 家、国家技术创新中心 1 家。2023 年，深圳市在新能源领域支持创新载体 3 个，在节能环保领域支持创新载体 5 个。

2. 入围国家首批"赛马争先"创新平台

为深入贯彻落实"四个革命、一个合作"能源安全新战略和创新驱动发展战略，坚持把高水平科技自立自强作为能源发展的战略支撑，加快推动能源科技进步，国家能源局于 2023 年 4 月公布"十四五"第一批"赛马争先"创新平台。此次公布的入围名单包含"源网荷储互动协同的新型电网"和"燃料电池"两个赛道，共计 10 个平台、2 家在深单位入围，分别为南方电网深圳供电局和深圳三环电子有限公司，入围数量居全国第一位。

专栏 2-3 南方电网深圳供电局打造国家能源新型电力系统源网荷双向互动研发中心

国家能源新型电力系统源网荷双向互动研发中心（以下简称"研发中心"）由南方电网深圳供电局有限公司联合清华大学深圳国际研究生院、南方电网电动汽车服务有限公司、比亚迪汽车工业有限公司、深圳市建筑科学研究院股份有限公司、深圳能源集团股份有限公司、中国工业互联网研究院等 7 家单位共同打造。

研发中心聚焦虚拟电厂、多元用户友好智能供需互动、电动汽车与电网能力双向交互调控等关键技术，围绕新型电力系统发展趋势，开展分布式发电（源）、电网（网）、电动汽车、建筑和工业负荷（荷）各端友好互动和协同调控关键技术研究，力争成为"国际一流、国内领先"的国家能源新型电力系统源网荷双向互动全要素集聚平台。

2023年，研发中心新增研究与试验发展经费总金额约1.84亿元，其中新增国家级项目4项，获得财政经费4554万元，自筹经费1.08亿元；新增省部级项目2项，获得财政经费1000万元，自筹经费75万元；获得自身新增的配套经费投入2006.42万元；开展重大技术装备攻关9项，获得省级奖励11项；新开发软件功能模块7项，新建实验室2个，面积总计200平方米；为国家能源局电力司、工信部网络安全管理局、江西省工信厅等机构提供规划编制和决策咨询3项，公开发布白皮书2份，出版专著 1 本；新增主持编制行业标准 3 项，主持 / 参与发布行业标准 1 项、团体标准 1 项、地方标准 3 项；授权发明专利 31 项；新增博士研究生 14 人，培养博士后 3 人。

下一步，研发中心将向世界科技发展前沿看齐，面向国家能源战略发展重大需求，支撑国家新型电力系统的建设与发展，持续推动车网互动、电化学储能安全、建筑负荷与工业负荷等新技术研发应用和相关领域的人才培养；继续加强虚拟电厂智能调控、多元用户灵活资源优化与聚合、车网互动智能引导等关键技术研究，加快虚拟电厂安全加密终端、多元用户资源规模化评估、车网互动商业模式生成等关键模块和装备研制；继续推动虚拟电厂调控、建筑负荷与工业负荷管理、车网互动管控等 6 项示范工程建设；带动规模化产业经济效益，支撑新能源汽车、储能等战略性新兴产业高质量发展，打造"国际一流、国内领先"的国家能源研发创新平台。

专栏 2-4　三环公司牵头打造国家能源高温燃料电池研发中心

深圳三环电子有限公司作为牵头方，依托自身高温燃料电池系统的技术实力，联合华南理工大学、广东省科学院及中广核研究院等优势力量，打造国家能源高温燃料电池研发中心（以下简称"电池研发中心"），实现产、学、研、用深度融合。

电池研发中心紧跟世界科技发展前沿，面向国家能源战略发展重大需求，聚焦国际先进的固体氧化物燃料电池（SOFC）核心技术开发、示范应用、成果转化及行业服务四大核心功能，围绕我国高温燃料电池技术和行业存在的问题，重点打造综合性创新平台，解决当前SOFC技术难题，为我国能源转型提供了重要技术支持，助力实现国家"双碳"战略目标。

下一步，电池研发中心将聚焦SOFC高功率、长寿命、低成本等重要性能指标，开展SOFC关键材料、核心部件、大功率系统集成技术及工程化开发技术等重大技术装备攻关。在"十四五"期间，联合下游应用企业开展35千瓦级、50千瓦级、100千瓦级的SOFC发电系统的应用示范，完成装机容量不少于2兆瓦的SOFC发电系统小批量应用示范及推广工作，提高SOFC性价比。聚焦国家能源发展需求，电池研发中心将积极参与能源科技发展战略、规划制定，承担燃料电池行业政策研究、技术标准和政策法规制定以及国家组织的国际能源技术合作项目、国家和地方重大科技项目10项以上，每年投入经费不少于6500万元；五年内培养博士10名以上、硕士30名以上，为行业培养、输送一批高水平人才。

第三章

绿色低碳产业高质量发展迈上新台阶

深圳市先后出台多项产业集群行动方案，持续推进绿色低碳产业发展壮大，新能源产业、新能源及智能网联汽车产业竞争优势明显，企业数字化转型推动工作进展顺利，碳交易十年历程成效突出，绿色低碳服务水平大幅跃升，支撑绿色低碳产业高质量发展。

一、绿色低碳产业保持高速增长态势

2023 年，深圳市绿色低碳产业增加值为 2213.58 亿元，同比增长 16.9%（图 3-1）。其中新能源产业同比增长 13.5%、智能网联汽车产业同比增长 38.2%，产业发展的绿色低碳水平明显提升。

（亿元）

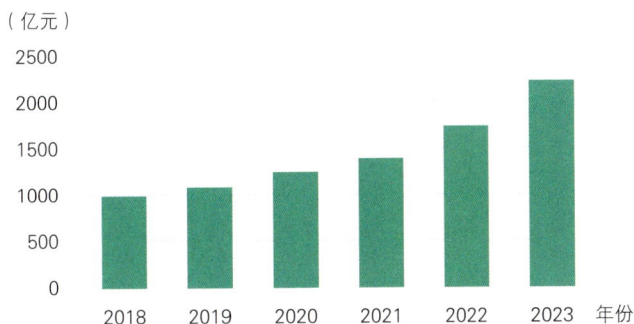

图 3-1 深圳市绿色低碳产业增加值

资料来源：《深圳市绿色低碳发展年度报告（2022）》、深圳市住房和建设局。

专栏 3-1 主要绿色低碳产业集群行动方案

新能源产业

作为最早发展新能源产业的城市之一，深圳市拥有雄厚的产业基础。2022年6月，深圳市发布《深圳市培育发展新能源产业集群行动计划（2022—2025年）》，提出到2025年，深圳市新能源产业集群将形成规模领先、创新驱动、融合开放的发展格局，培育壮大一批带动中小企业协同发展的骨干领军企业和创新平台，建成引领全国新能源产业高质量发展的高地。该行动计划的发布对新能源产业发展提出了新要求，同时也有助于促进新能源产业迈上新台阶。

新能源及智能网联汽车产业

为加快推动深圳新能源汽车产业成为经济增长新支柱，乘势而上建设"新一代世界一流汽车城"，2023 年 8 月，深圳市印发《深圳市加快打造"新一代世界一流汽车城"三年行动计划（2023—2025 年）》，紧跟汽车绿色化、数字化、无人化、平台化发展趋势，以新一代新能源汽车和智能网联汽车为核心，培育壮大民族品牌领军企业。

安全节能环保产业

2022 年 6 月，深圳市发布《深圳市培育发展安全节能环保产业集群行动计划（2022—2025 年）》，提出到 2025 年，深圳市安全节能环保产业增加值突破 600 亿元，将培育一批具有国内、国际竞争优势的骨干企业和知名品牌，培育年产值超 100 亿元的企业 3 家以上、年产值超 10 亿元的企业 20 家以上、专精特新企业 100 家以上。

二、重点产业集群发展处于领先地位

1. 新能源产业发展居全国首位

根据《2023 胡润中国新能源产业集聚度城市榜》，深圳市是我国新能源产业集聚度最高的城市，并连续两年位居榜首。2023 年深圳市新能源产业增加值达 1034.6 亿元，占战略性新兴产业比重达 7.1%，增速达 13.5%。22 家企业增加值 10 亿 ~ 100 亿元，74 家企业增加值 1 亿 ~ 10 亿元。在核能领域，中广核在运核电机组 26 台，装机容量 2938 万千瓦，占全国的 53%，四代核电铅冷快堆关键技术取得进展。在智能电网领域，深圳市拥有智能电网相关企业超过 100 家，依托电子信息产业技术优势，在上游的配电设备环节初步形成竞争优势。在电化学储能领域，2023 年锂电池产业产值规模超 800 亿元。截至 2023 年底，全市已拥有 7000 多家储能企业，涌现出比亚迪、华为数字能源、欣旺达、科陆电子、星源材质、新宙邦、贝特瑞、德方纳米等一批龙头企业。

专栏 3-2　深圳市储能产业龙头企业简介

深圳市德方纳米科技股份有限公司

该公司成立于 2007 年，主要从事锂离子电池核心材料的研发、生产和销售，核心产品是磷酸盐系正极材料，以纳米磷酸铁锂和磷酸锰铁锂为主，产品广泛应用于新能源汽车动力电池、储能电池等领域。新能源汽车市场和储能市场保持高增长态势，带动了磷酸盐系正极材料的快速增长。公司紧抓市场发展机遇，不断提升综合竞争实力，公司产品的产销量同比大幅提升，盈利规模同比实现较大增长。

贝特瑞新材料集团股份有限公司

该公司于 2000 年注册成立，其前身是深圳市贝特瑞电池材料有限公司，最早以生产锰酸锂电池材料为主业。贝特瑞是全球最大的负极材料生产厂商，自 2013 年以来，贝特瑞的负极材料出货量已经连续 10 年位列全球第一，高镍三元出货量位列国内前三。贝特瑞业务范围涵盖锂离子电池负极材料、正极材料及石墨烯材料等核心产品，公司产品销售规模不断提升，扩产步伐持续加快。自 2012 年以来，贝特瑞营业收入已经连续 11 年正增长。受益于全球动力及储能电池市场持续快速增长，公司产品销量不断走高，营业收入大幅增长。2018—2022 年，公司营业收入复合增长率为 53.97%，净利润复合增长率为 45.51%。

深圳市星源材质科技股份有限公司

该公司创立于 2003 年，专业从事锂离子电池隔膜研发、生产及销售，2016 年于深交所挂牌上市，是全球锂电池隔膜行业领跑者，主要产品为以锂电池隔膜为主的新能源、新材料产品。近年来，新能源汽车产业高速发展，带动公司营业收入增长。公司 2023 年营业收入为 30.13 亿元，三年平均增长率达到 173.5%。

新能源产业"六个一"基本完成，形成了龙头企业表（26 家）和隐形冠军企业表（11 家），招商引资清单（国际 4 家、国内 24 家），重点投资项目清单（75 个共 965.7 亿元，2022 年已完成 255 亿元），对科技创新体系相关内容进行了全面梳理（34 个平台载体）、政策工具包和电化学储能等专项政策已经完成梳理和印发，战略咨询支撑机构已梳理完毕并开展了相关课题研究和合作。已成立合成生物、智能传感器、新能源汽车等多只专项基金，新培育或引进全国节水产业创新发展大会、国际太阳能光伏展览会等展会和论坛项目。

专栏 3-3　深圳市打造万亿级世界一流新型储能产业中心

在"双碳"背景下，数字能源是需要加大投入的关键战场。深圳市制定出台了《深圳市支持电化学储能产业加快发展的若干措施》和《电化学储能产业发展行动计划（2023—2025年）》，聚焦"四个中心"，即先进储能总部研发中心、新型储能高端智造中心、多场景示范验证中心和全球储能优质产品及方案供给中心的建设目标，计划打造万亿级世界一流新型储能产业中心。

为此，深圳市连续推出一系列对储能行业发展具有里程碑意义的新举措。

1. 成立深圳市电化学储能产业联盟，致力于打通电化学储能上下游全产业链，提升行业整体效率。

2. 建立深圳市储能标准化技术委员会，旨在构建电化学储能标准体系，推动行业标杆示范应用的出台。

3. 设立深圳市电化学储能产业发展战略咨询专家委员会，汇集业界顶级智力资源，为深圳构建数字能源先锋城市提供策略性建议。

4. 设立总规模超过 200 亿元的新型储能产业基金，加大对电化学储能产业集群核心企业和项目的投资力度，加速形成支撑电化学储能产业发展全周期的投融资体系。

2. 新能源及智能网联汽车产业处于全球第一梯队

在新能源汽车领域，2023 年深圳市新能源汽车产值达 2508.12 亿元，同比增长 85.3%；新能源汽车产量达 173.46 万辆，同比增长 104.2%。其中，比亚迪处于全球领先地位，2023年比亚迪新能源汽车销量突破300万辆，较2022年增长61.9%，蝉联全球销量冠军。在智能网联汽车领域，深圳市将其列为"20+8"产业集群重点发展方向之一。2023年，深圳市智能网联汽车产业增加值达763.10亿元，同比增长38.2%，占战略性新兴产业比重达5.3%。

当前新能源汽车产业"六个一"工作正有序推进，形成了龙头企业表（5家）和隐形冠军企业表（48家），招商引资清单（国际6家、国内11家），重点投资项目清单（91个、501.75亿元），对科技创新体系进行全面梳理（40个平台载体），政策工具包和战略咨询支撑机构已完成梳理等。基金设立方案已由市政府审议通过，粤港澳大湾区车展等展会和论坛项目有序推进。

专栏3-4　深圳市打造"新一代世界一流汽车城"

2023年7月，深圳市印发《深圳市加快打造"新一代世界一流汽车城"三年行动计划（2023—2025 年）》（简称《行动计划》），提出到 2025 年，深圳市新能源汽车年产量超 200 万辆，全球汽车"含深量"显著提升，汽车产业工业产值达到万亿级规模。在汽车产业绿色化、数字化、无人化、平台化的当下，深圳正向着"新一代世界一流汽车城"昂首迈进。

1. 新能源汽车产业链生态圈初具规模。据统计，深圳市新能源汽车产业年产值千亿元以上的企业有 1 家、百亿元以上的企业有 7 家、十亿元以上的企业超过 20 家，形成了龙头企业引领、产业链供应链高度协同的产业生态圈。

2. 新能源汽车产业的金融扶持力度不断增强。2023 年 2 月，中国人民银行深圳市中心支行联合深圳银保监局、深圳证监局、深圳市地方金融监督管理局和国家外汇管理局深圳市分局印发《深圳金融支持新能源汽车产业链高质量发展的意见》，提出将进一步优化面向新能源汽车全产业链、全生命周期的金融服务，到 2025 年逐步形成"零部件原材料——整车生产——终端应用"全产业链金融布局。

3. 智能网联汽车已驶入法治化轨道。《深圳经济特区智能网联汽车管理条例》自 2022 年 8 月施行，智能网联汽车在深圳市开始"有法可依"。深圳市智能网联汽车测试示范路段不断"扩容"，截至 2023 年 8 月，深圳市累计向 15 家企业、325 辆智能网联汽车发放道路测试及示范应用通知书，与上述条例实施之初相比增长 170%，累计开放智能网联汽车测试示范道路 771 千米，同比增长 20%。

4. 构筑汽车出口"桥头堡"。深圳市努力打造我国新能源汽车出口"桥头堡"，加快构建深圳汽车"产供销、内外贸、上下游"一体化发展体系，以产运贸一站式出口基地为依托，拓展国内外龙头车企合作，拓展汽车出口运输航线，加快打造以新能源汽车为核心的交易、整备、检测、物流、金融一体化出口基地，加快构建以"买全球、卖全球"为特色的现代化汽车产业体系。

3. 安全节能环保产业集群取得新突破

2023 年，深圳市安全节能环保产业实现增加值 416 亿元。其中，安全应急产业主要集中在安全风险防控与应急技术装备、智能安全应急产品、安全应急服务等领域，产品和服务涵盖了《产业结构调整指导目录（2023 年本）》"公共安全与应急产品"分类中的一半以上。节能环保产业主要集中在 LED 照明、高效变频器、绿色建材、水污染治理、节能环保服务等领域。部分企业的产品已进入全球市场，部分领域全国领先，拥有英飞拓科技、盛视科技、力合科创、创新胜为、海清视讯、创显光电、迈睿迈特、美普达等代表企业。

专栏 3-5 安全节能环保产业龙头企业简介

深圳英飞拓科技股份有限公司

深圳英飞拓科技股份有限公司是新型智

慧城市解决方案提供、建设和运营服务商，经营数字化、智能化和数字营销等业务，服务智慧园区、智慧楼宇、城市应急数据治理、数字营销等行业，提供物联产品（含安防产品）、软件产品（含物联中台、数据中台、AI 中台、业务中台、智能运营中心等）、规划设计、系统集成、运维、运营等产品和服务。旗下拥有 Infinova、March Networks、Swann 三大国际品牌，以及智慧安防系统集成商藏愚科技、互联网数字营销公司新普互联两大知名子公司。

盛视科技股份有限公司

盛视科技股份有限公司专注于提供智慧口岸查验系统整体解决方案及智能产品。基于在口岸领域的 AI 技术积累，该公司已在城市管理、园区、物业、物流、交通、车联网、机场、消防等行业落地了智能产品，形成了应用案例，并不断探索更多的 AI 产业化道路。该公司首创多项口岸智能查验产品，开创了口岸旅客查验、车辆查验及卫生检疫等领域智能查验的先河，特别是在智慧口岸领域具有较高的品牌知名度和显著的市场地位。

深圳市创显光电有限公司

深圳市创显光电有限公司作为全球领先的专业 LED 显示领域解决方案提供商，是目前行业内最具实力和规模的集研发、生产、销售、售后服务于一体的国家高新技术企业之一，拥有 Micro LED 超小间距显示屏、智慧教育、会议、体育、院线、创意媒体六大业务板块。拥有 55 项国家发明型专利及实用新型专利，产品通过 CE、RoHS、ETL、EMC、TUV 等国际认证。业务遍布全球 100 多个国家和地区，在美国、荷兰、日本、韩国等多国设有分公司和办事处。

安全节能环保产业"六个一"工作取得显著成效，形成了龙头企业表（60 家）和隐形冠军企业表（15 家），招商引资清单（国际 12 家、国内 22 家），重点投资项目清单（29 个、396.54 亿元），对科技创新体系进行全面梳理（76 个平台载体），政策工具包已梳理完成、专项政策已征求意见，战略咨询机构已梳理完毕并开展了课题研究等。合作基金进入前期研究或方案起草阶段，中国（深圳）城市能源大会暨博览会、全国节水产业创新发展大会等展会和论坛有序推进。

三、数字赋能绿色低碳产业转型

1. 入选全国中小企业数字化改造试点城市

2023 年 9 月，深圳市入选全国第一批中小企业数字化转型试点城市，通过探索支持中小企业数字化转型的有效模式，形成可复制、可推广的经验，因地制宜、循序渐进予以示范推广，实现"试成一批、带动一片"，放大规模效应，提升政策效能。

2. 两家企业入选国家中小企业"链式"数字化转型典型案例

为进一步完善中小企业数字化转型政策服务体系，以点带面引领广大中小企业数字化转型发展，工信部梳理推广了一批数字化典型模式，择优确定了 34 个典型案例，并归纳提炼了技术赋能、供应链赋能、平台赋能和生态赋能四类模式。其中，广东省共有 6 个案例入选，深圳市入选的 2 个案例分别是龙华区深圳仙库智能有限公司和腾讯科技（深圳）有限公司。

专栏 3-6 深圳市中小企业数字化转型典型案例

深圳仙库智能有限公司通过服装 C2M 全链数字化方案助力链上中小企业实现服装销售、定制、设计、生产、管理数字化转型

由于量体数据难以精确、数据与各环节未打通，高库存、高退货、低成交率一直是服装行业三大痛点。深圳仙库将 3D 扫描技术同服装行业相结合，通过自研 3D 量体硬件、服装门店及品牌管理 SaaS、供应链平台及其管理系统，获取标准化精准体征数据，打通从消费端到设计端、生产端各环节，真正实现服装行业 C2M 全链数字化，真正实现一人一版柔性制

造，真正实现消费者门店量体、工厂自动生产的服装行业消费、工业互联网互通。深圳仙库已帮助中小企业实现旗下门店硬件及管理、品牌管理、供应链管理、生产系统数字化普及与改造 3000 个点位，覆盖全国 75 个城市。

腾讯科技（深圳）有限公司通过企业微信为中小企业提供零门槛、低成本的数字化转型工具

针对中小企业"不敢转""转不起"等痛点，企业微信与开发商和生态服务商联动，搭建桥梁，帮助中小企业零成本连接生产组织、连接产业链上下游、连接企业与消费者，助力企业敏锐获取市场需求，提高客服能力。企业微信还帮助产业链上下游企业实现人与人的连接、人与应用的连接、人与设备的连接，通过服务的延伸，将原来的 OA 工具扩展成为能应用于研、产、供、消全产业链的数字化应用工具。当前，企业微信生态中已连接 6000 余家优质服务商，覆盖 97 个行业，开放 1200 余个接口，服务 1000 余万个客户。

3. 开展中小企业数字化转型城市试点拟改造企业征集工作

2023 年 7 月，深圳市组织开展中小企业数字化转型城市试点拟改造企业征集工作。征集范围为"小快轻准"型服务或产品，重点赋能深圳市"20+8"产业集群中的智能机器人、半导体和集成电路、精密仪器设备三大产业中小企业的数字化服务商及其优秀服务产品。下一步，深圳市将为入围企业提供数字化转型诊断、财政奖补、重点扶持、推广宣传等服务，不仅能够直接促进中小企业数字化转型，还将有助于支撑深圳绿色低碳产业升级。

四、绿色低碳服务工作先行先试

1. 碳交易市场开市十年取得积极成效

2023 年，深圳碳交易市场交易额达 2.52 亿元，同比增长 1.82%；碳配额交易额达 2.25 亿元；碳配额均价为 60.81 元；碳配额流转率为 14.74%，多年稳居全国试点首位。深圳市持续培育碳交易市场，各项指标持续走在全国前列，为全国碳交易市场的发展积累了宝贵经验。

专栏 3-7　深圳碳交易市场开市十年，减排成效显著

2013 年 6 月正式启动的深圳碳交易市场，是全球发展中国家首个启动配额交易的市场。深圳排放权交易所（以下简称"排交所"）以深圳市成为全国首批碳交易试点为契机，建立国内首个启动碳排放权交易的平台，同时也是我国较早致力于以市场机制促进节能减排和应对气候变化的综合性环境权益交易机构。过去十年，深圳碳交易市场在制度体系建设和碳市场培育与发展等方面取得了显著成就。

一方面，建立完善碳交易制度体系。深圳持续深化碳交易体系机制建设，2012 年出台全国首部碳交易地方性法规《深圳经济特区碳排放管理若干规定》，2014 年制定和 2022 年修订《深圳市碳排放权交易管理办法》，并制定多项交易规则、配额管理细则、配额分配方案、碳核算地方标准等配套制度文件，实现顶层设计、量化核查、配额发放、市场交易、履约清缴等环节均有政策支撑；强化碳排放总量目标引领，建立配额管理动态调整机制，完善碳排放权交易规则，改进交易方式，激发市场活力，推动深圳碳普惠体系建设。

另一方面，碳交易成交额持续提升。深圳碳交易正式开启当天完成了8笔交易，成交21112吨配额。在全国首批试点碳交易市场中，成交额率先突破亿元大关。为满足市场交易客户需求，还上线了深圳配额、国家核证自愿减排量和碳普惠减排量等交易品种。

此外，深圳持续加强系统建设，迭代升级二期交易系统。碳交易机制持续优化，服务质量持续提升，深圳碳交易市场取得显著成效，纳入管控的重点排放单位平均碳排放强度下降超三分之一。

2. 绿色产品认证推广国内领先

深圳市夯实绿色产品认证能力基础，截至 2023 年底，已推动 7 家认证机构获得绿色产品认证资质，其中深圳市计量质量检测研究院成为全国首批 11 家绿色产品认证机构。在全国率先开展快递包装绿色产品认证，发放广东省首张绿色纺织产品认证证书，截至 2023 年底，深圳市有 2 家企业获得快递包装绿色产品认证证书，占全国快递包装绿色产品认证证书总量的 1.1%。以"践行绿色低碳，推进消费升级"为主题，举办 2023 年绿色产品认证宣贯会，鼓励企业积极申请绿色产品认证。截至 2023 年底，新增节能、节水、环保产品认证等各类绿色产品认证证书 1619 张，占全国的 4.1%；累计发放各类绿色产品认证证书 5843 张，占全国的 4.8%（表 3–1）。

表 3–1　深圳市绿色认证产业情况

绿色认证类型	截止时间	认证数量	全国占比
绿色产品认证机构	2023 年底	7 家	5.6%
快递包装绿色产品认证证书	2023 年底	2 张	1.1%

绿色认证类型	截止时间	认证数量	全国占比
新增各类绿色产品认证证书	2023 年底	1619 张	4.1%
累计各类绿色产品认证证书	2023 年底	5843 张	4.8%

资料来源：中国绿色产品标识认证信息平台。

第四章

率先推进能源数字化管理

深圳市率先探索能源数字化管理模式，在多个领域做到国内首个、全国领先，打造国内首个"电力充储放一张网"，成立首家虚拟电厂管理中心；出台新能源汽车超充设施专项规划，打造世界一流"超充之城"；输电、变电和配网实现数字化，在输电线路无人机巡视、"无人值守、远程操作"模式方面开展一系列探索，故障研判准确率达到99%，极大提升了运维效率。

一、成立国内首家虚拟电厂管理中心

2022年8月26日，深圳成立国内首家虚拟电厂管理中心，标志着深圳虚拟电厂迈入快速发展新阶段（图4-1）。该中心虚拟电厂管理平台采用"互联网+

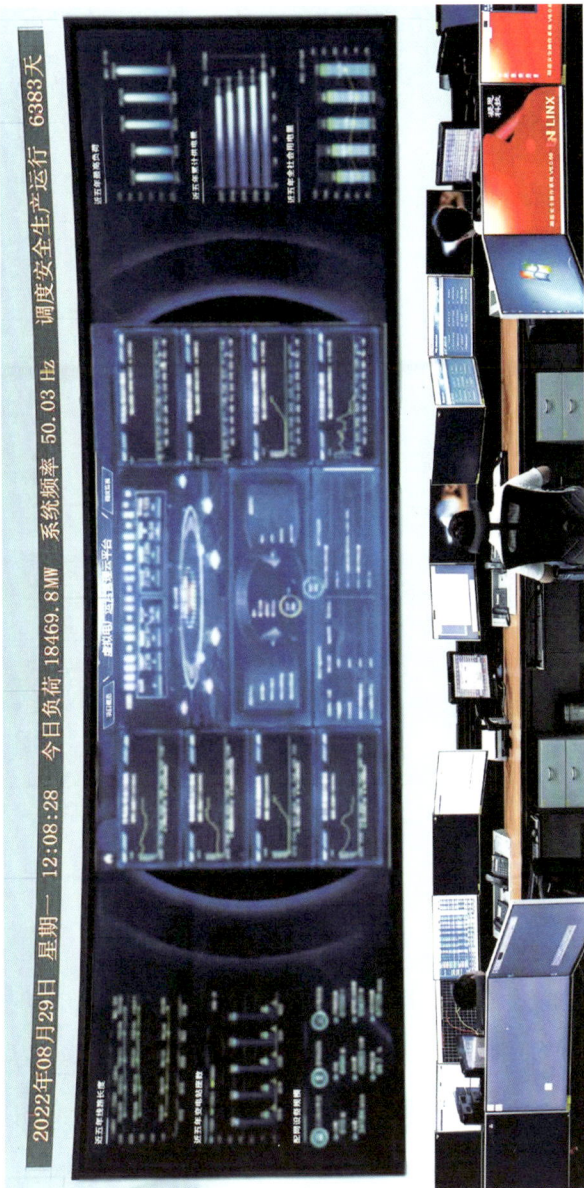

图 4-1 深圳市虚拟电厂管理中心

图片来源：南方电网深圳供电局。

5G+ 智能网关"的先进通信技术，实现电网调度系统与用户侧可调节资源的双向通信。2023 年 6 月 29 日，深圳虚拟电厂管理平台 2.0 上线试运行，全方位升级精准响应、运营监视、数据可视化等功能，标志着深圳虚拟电厂建设迈上了新台阶。截至 2023 年底，虚拟电厂接入资源规模超过 250 万千瓦，预计实时最大可调节负荷能力超 50 万千瓦，是目前国内数据采集密度最高、接入负荷类型最全、直控资源最多、应用场景最全的虚拟电厂管理平台。到 2025 年，深圳计划建成具备 100 万千瓦级可调节能力的虚拟电厂，有力支撑新型能源体系建设和绿色低碳产业发展。

二、推出国内首个"电力充储放一张网"

2023 年 6 月 29 日，深圳市发改委发布"深圳市电力充储放一张网（1.0）"。"一张网平台"总体建设框架为"1 个数据中心 +1 个支撑平台 +5 大应用 +2 大体系"（图 4-2）。"一张网平台"以数字孪生、

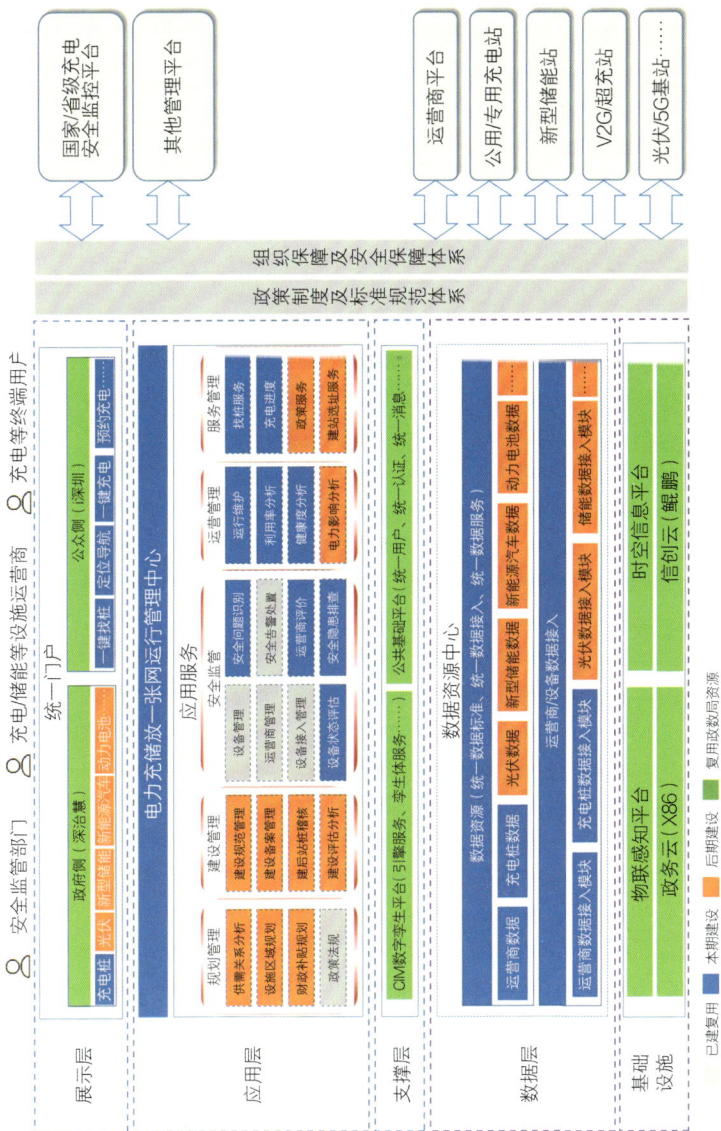

图4-2　"一张网平台"总体建设框架

资料来源：深圳市发展和改革委员会。

全景可控的形式，全量接入分布式资源，融合多源异构数据，截至 2023 年底，已接入约 18 万个充电桩、5100 个 5G 储能基站、6000 个电动自行车充换电柜、1200 个光伏站等资源，与虚拟电厂管理平台协同，实现分布式资源可观、可测、可控，精准动态调控。

专栏 4-1 "一张网平台"实现"八大能力"

1. 全量实时监管：以数字孪生、全景可控的形式，对分布式资源统一管理。

2. 风险智能管控：基于完备的风险评估体系，对接入的分布式资源进行风险自动识别、预警及处置调度，形成安全监管的闭环全流程。

3. 智能规划选址：基于车辆、交通出行量、规划用地、信令等多源异构数据的融合，进行充电站智能规划选址。

4. 精准能源调控：全量接入虚拟电厂管理平台，资源可观、可测、可控，精准动态调控。

5. 能源安全保障：统筹分布式资源，为特殊用电需求提供动态应急保障。

6. 智能产业政策：基于能源知识图谱和关系模型等 AI 大模型，实现充储放产业政策的推演、仿真和制定。

7. 一站式市民服务：整合充电运营商企业，为市民提供统一入口、多码合一、一键找桩、智能推荐、充电预约、有序充电等多种综合性一站式市民服务。

8. 一站式企业服务：建设完善的企业新建必备案、新建必监管机制，对运营企业从场站建设到运营进行全过程精细化管理，为企业提供事前、事中、事后的全过程咨询服务。

三、打造世界一流"超充之城"

1. 全面推进"超充之城"建设

根据《深圳市新能源汽车超充设施专项规划（2023—2025年）》，深圳市提出了超充基础设施建设目标要求，力争到2023年底，建成不少于150座公用超充站；2024年3月底前，建成不少于300座公用超充站，公共充电桩车桩比、超充桩占比达到世界领先水平；到2024年底，建成技术全球领先、场景多元覆盖的超充设施服务体系，推进"电力充储放一张网"电力需求调配互动机制日趋成熟，加快形成企业、技术、场景等生态优势，树立"深圳超充"品牌形象；到2025年，形成"车能路云"深度融合发展的产业生态，打造世界一流的"超充之城"，助力实现碳达峰碳中和目标。截至2023年底，深圳全市已建成超充站161座，深圳"超充之城"建设工作步入快车道（图4-3）。

图 4-3 深圳市超充站

图片来源：深圳市发展和改革委员会。

2. 率先推出充电设施公共品牌标识统一形象

2023 年 10 月，深圳市发布《深圳市新能源汽车充电设施公共品牌标识统一形象设计》，这一设计将成为新能源汽车充电设施的统一标识。标识的主色调取自深圳市的市花——三角梅，传递了环保和可持续发展的理念。标识以紫色作为主色调，体现了对城市生态和绿色未来的承诺，而辅助色则丰富了标识的整体外观。标识中的电线元素和雷电符号则强调了高效充电的理念，有助于让人们了解到超充站的核心特点（图 4-4）。而"一杯咖啡，满电出发"的口号更是巧妙地将快捷、便利的充电体验与城市的环保理念相结合（图 4-5）。

图 4-4　深圳市新能源汽车充电
设施公共品牌标识（1）

图片来源：深圳市发展和改革委员会。

图 4-5　深圳市新能源汽车充电
设施公共品牌标识（2）

图片来源：深圳市发展和改革委员会。

四、构建新型电力系统关键载体

1. 在输电方面，深圳市以智能化提升输电线路运维效率

基于物联网平台，应用无线局域网鉴别与保密基础结构（WAPI）、北斗定位、智能纠偏和任务航线等新技术实现航线智能规划、无人机远程自动驾驶，通过输电感知终端、通信终端和输电智能网关实现线路全面监测与数据采集、输电全景信息融合、全域智能决策，提升输电线路运维效率。截至2023年底，全市已实现5000多千米输电线路、约7000座杆塔、7个输电地下隧道三维数字化通道全覆盖，4000余座输电杆塔上部署智能摄像头，输电线路无人机巡视100%覆盖，设备巡检效率提升2.8倍。

2. 在变电方面，深圳市探索实施"无人值守、远程操作"模式

基于光电技术、信息技术、网络通信技术等，该模式可实现变电站信息采集、传输、处理、输出过程

全部数字化，系统信息建模标准化，数据交换及控制操作网络化。截至 2023 年底，深圳市已完成全域 298 座变电站视频监测智能化改造，在全部变电站探索实施"无人值守、远程操作"模式，运维效率提升 1.3 倍，操作效率提升 93%。

3. 在配网方面，故障研判准确率达 95%

利用传感器、物联网、云计算、软件等数字化技术，实现配电网设备状态透明、运行状态透明，支撑配电网智能运维、智能服务、智能作业。截至 2023 年底，深圳市已建成全国自动化程度最高的自愈性智能配电网，率先打造配网网格规划"数智大脑"，融合应用营配数据，基本实现中压停电感知的透明化，故障研判准确率达 95%。

4. 建成全国首套超大型城市电网主配一体化调度自动化系统

智能调度采用人工智能技术进行功率预测、实时控制调度、终端调控、有源配电网、负荷调节。智慧运维利用先进的信息技术、通信技术、自动控制技术等，对电力系统进行实时监测、诊断、控制和优化。截至 2023 年底，深圳市已建成全国首套超大型城市电网主配一体化调度自动化系统，实现调度操作效率提升近90%，成为国内自愈规模最大单位之一。

专栏4-2 全国首套超大型城市电网主配一体化调度自动化系统

2021年6月，深圳供电局历时两年多研究建设的超大型城市电网主配一体化调度自动化系统（以下简称"OCS系统"）通过专家验收，正式投入运行。这标志着深圳电网开启了电网调度从最高电压等级500千伏变电站一键控制到客户家门口环网柜的时代。

从3小时到13分钟：计划停电操作实现全程无人化、自动化。过去，一次变电站110千伏母线计划停电，必须要调度台、变电站、区局的工作人员密切配合。一次停电需要多个相关单位和部门来回打20余次电话，即使各部门远程无缝配合，也需大约3小时才能把110千伏母线停下来。现在，通过打通OCS系统、调度网络发令系统和变电站程序化控制系统，实现多设备（母线、线路、主变、配电）操作全过程无人化、自动化执行，调度员只需在调度台启动程序，系统即可按照预演校核后的操作票自动执行遥控命令，13分钟即可实现停电。从3小时到13分钟，不仅生产效率提高了93%，而且有效消除了人员误操作的风险。

66秒配网故障停电实现自愈。过去出现故障，调度台信号能收到少则几百条、多则几千条的告警信息，调度员需要在海量数据中分析出失压范围、损失的负荷和受影响的客户，并凭借自身经验拟写事故处置方案，至少需要60分钟。现在，通过在OCS系统预设分析规则，在故障停电时，系统会根据电网运行方式、母线失压范围、损失负荷量等运行数据，自动搜索复电路径，给出事故处置方案。调度员可在5分钟之内生成事故处置方案。

配网调度自主巡航实现计划停电"零感

知"。过去一次配网计划停电，调度台需要与区局同事经过"7阶段19个节点"的交互，每一单停电约需通话10次。按平均每天20单计算，调度台同事每天需要接听电话约200次。OCS系统上线之后，系统会按照计划停电节点自动巡航，区局同事看到系统操作信号提示即可进行下一步操作，并可实时掌握现场执行情况，减少因频繁电话沟通对现场操作造成的干扰。

第五章

全面建设绿色低碳交通运输体系

深圳市持续深化交通领域绿色低碳发展，着力将生态优先、绿色低碳贯穿于交通运输体系建设全过程，推动公共领域车辆全面电动化，促进节能降碳先进技术研发和应用。近年来，深圳市交通运输事业发展的智慧低碳底色越来越浓，有效实现市民出行和货物运输碳排放、污染物排放下降的目标。

一、公共领域车辆全面电动化

1. 大力推进公共领域车辆全面电动化

深圳市入选全国首批公共领域车辆全面电动化先行区试点城市，致力于探索形成一系列可复制推广的经验和模式，为全国绿色交通运输体系建设贡献

"深圳方案"（图5-1）。巩固公共领域载人车辆（如公交车、出租车等）全面电动化成果，分阶段、分场景有序推进公共领域载物车辆电动化，优先推进城市物流、轻型环卫车全面电动化，有序推进泥头车、拖车、机场用车等特色场景电动化升级，积极探索重卡、港内拖车换电新模式。在新技术新模式应用方面，建立超级快充示范站和车网互动（V2G）示范站，提升车城互联、车路网云协同的基础设施覆盖水平（图5-2）。

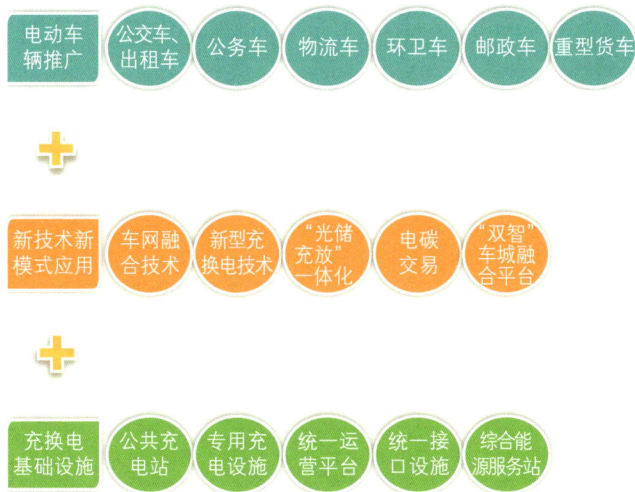

| 电动车辆推广 | 公交车、出租车 | 公务车 | 物流车 | 环卫车 | 邮政车 | 重型货车 |

➕

| 新技术新模式应用 | 车网融合技术 | 新型充换电技术 | "光储充放"一体化 | 电碳交易 | "双智"车城融合平台 |

➕

| 充换电基础设施 | 公共充电站 | 专用充电设施 | 统一运营平台 | 统一接口设施 | 综合能源服务站 |

图5-1 深圳市公共领域车辆全面电动化先行区试点部署

资料来源：深圳市发展和改革委员会。

85

新技术

车			桩	
智能网联	换电	超充	V2G	光储充一体化
智能网联汽车准入试点率先开展、示范运营实现突破十车辆，商业化应用引领全国领先	重卡换电站保有量达到20座，建成10座跨品牌、跨车型的公共换电站	超级充电站保有量达到300座，超级充电站和加油站数字化达到1:1，打造世界一流"超充之城"的城市名片	V2G站保有量达到100座	全市推广"近零碳"光储充一体化项目，车充场标准化项目

新机制

电碳交易

智能网联	换电		
探索虚拟电厂参与绿色电力交易、碳普惠市场交易	搭建碳排放积分核算标准体系，运营企业、主管部门联动监测碳足迹，率先从物流车、重型车方面开展碳积分管理奖励	贯通碳普惠低碳场景体系，在绿色出行中鼓励和支持引入碳足迹标识产品，在绿色消费中鼓励公众购买碳足迹标识产品	

新模式

双智城市　　　　　　电力充储放一张网+虚拟电厂

未来城市场景	产业化应用场景	电力充储放一张网+虚拟电厂
智能网联"科技+时尚"、智能网联"科技+滨海旅游"、智能网联"科技+丰生活"	妈湾港自动驾驶集卡车试点、自动驾驶接驳试点、城市绿色街区无人驾驶卫试点	到2025年建成具备100万千瓦级可调能力的虚拟电厂，逐步形成年度最大负荷约5%左右的稳定调节能力

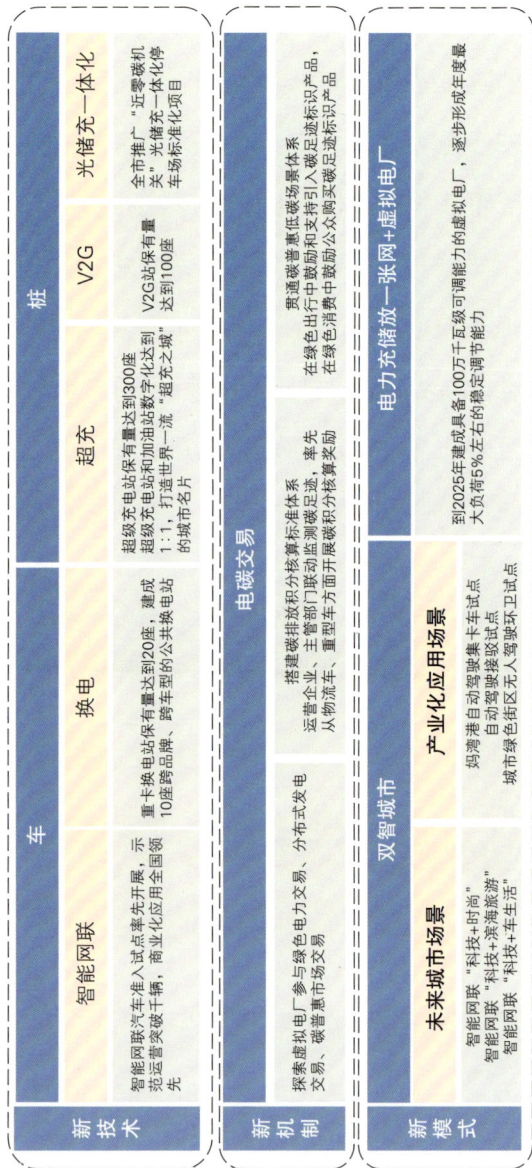

图 5-2　深圳市新技术新模式示范应用高地搭建模式

资料来源：深圳市发展和改革委员会。

专栏 5-1　龙华区建成深圳首个"光伏 + 储能 + 超充"一体化示范站

2023 年 5 月 7 日，龙华区建成深圳市首座光储超充一体化示范站（图 5-3），是龙华区落实国家"双碳"战略、构建新能源体系、高质量建设充电设施的又一重要成果。该示范站由光储超充一体化充电站及休闲区域两部分组成，整个示范站占地约 1200 平方米，其中带光伏雨棚的充电区域面积约 560 平方米，路面及休闲区域面积约 670 平方米。

图 5-3　光储超充一体化示范站

图片来源：深圳市发展和改革委员会。

整个系统基于能源互联网的设计理念，整合光伏、储能等分布式能源系统，实现"源、网、荷、储"协调运行，并在此基础上开展除新能源汽车充电设施外的多种商业运营模式实践和示范。场站提出"快充电，慢生活"的口号，"一杯咖啡，满电出发"成为未来低碳绿色出行的首选。

2. 新能源汽车保有量位居全球前列

作为全国首批"十城千辆"节能与新能源汽车示范推广试点城市，深圳市高度重视新能源汽车推广应用，积极构建全领域应用场景，新能源汽车保有量持续增长，位居全球前列。在成为全球率先实现公交车、巡游出租车 100% 纯电动化城市的基础上，深圳市前瞻导入物流、环卫、机场用车场景，已实现环卫车和牵引车等纯电动重卡的规模化和商业化普及。截至 2023 年底，深圳市纯电动货车推广规模已达 13 万辆，其中纯电动物流配送车 12.6 万辆，纯电动泥头车 0.4 万辆，保有量均居全球第一位，荣获"绿色货运配送示范城市"称号。深圳机场内车辆除消防、救护、加油、应急保障以外，新增或更新车辆新能源使用比例高达 100%。深圳港已试点 3 辆氢能拖车。

二、构建高效便捷多层次公交体系

1. 多层次公交体系持续优化

作为"国家公交都市建设示范城市"，深圳市坚持公交优先发展理念，通过持续推进轨道交通建设、打造公交优先路权网络、丰富多元多种公交服务、发展智慧公交体系，形成了"轨道交通为骨架、常规公交为网络、出租车为补充、慢行交通为延伸"的多层次公共交通体系。

一方面，持续优化"快—干—支"多层次公交线网结构，降低线网重复率，提升整体运营效率。截至2023年底，深圳市共有快线28条、干线406条、支线191条，整体布局趋于合理，线网重复系数降至4.43，线网整体运营效率有效提升。另一方面，推进连续成网的公交专用道体系，地铁、公交加速融合。深圳市公交站点500米覆盖率达100%，轨道公交一次换乘可达建成区比例提升至93%。截至2023年底，公交专用道里程达1075.6车道公里，处于国内领先地位，实现所有公交专用道在协同系统进行维护。

2. 公交运营服务质量稳步提升

深圳市持续开展公共交通服务指数测评，覆盖城市轨道交通、常规公交、出租车（含网约车）、共享单车四大板块，聚焦"畅达、融合、品质、文明、安全、创新"六项要素，从市民感受出发筛选形成44项指数指标。在此基础上，建立"感知—评价—驱动—改善"责任落实闭环机制，促使服务指数成为推动公共交通服务方发现问题、解决问题、改善服务的助手。数据显示，2023年四季度深圳市公共交通服务综合指数2.0为87.25分，同比提升1.13分（图5-4）。城市轨道交通、共享单车板块服务指数均同比上升，其中：全市轨道交通早晚高峰平均行车间隔缩短约30.96秒；常规公交高峰时段平均发车间隔缩短约22秒，公交运行准点率提升至97.91%；网约出租车平台企业缩短了乘客预约等候时间；共享单车企业对乱停放车辆及时处理率提升至95.81%。

3. 城市轨道线网密度、客流强度位居前列

截至2023年底，深圳市城市轨道交通运营总里程达567.1千米，里程数居全国第五位（图5-5），城

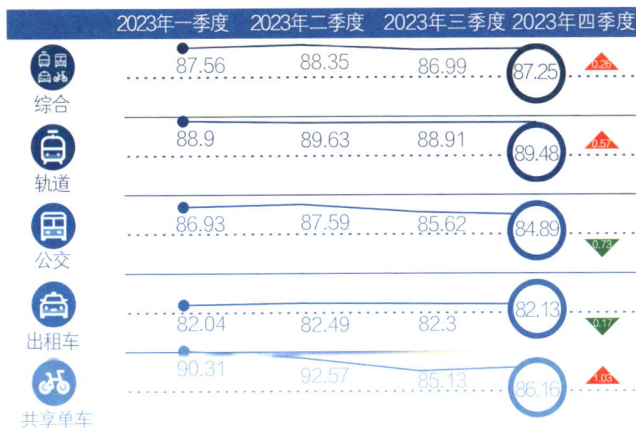

	2023年一季度	2023年二季度	2023年三季度	2023年四季度
综合	87.56	88.35	86.99	87.25
轨道	88.9	89.63	88.91	89.48
公交	86.93	87.59	85.62	84.89
出租车	82.04	82.49	82.3	82.13
共享单车	90.31	92.57	85.13	86.16

图 5-4 深圳市公共交通服务指数 2.0 测评结果

资料来源：深圳市公共交通服务指数 2.0 平台。

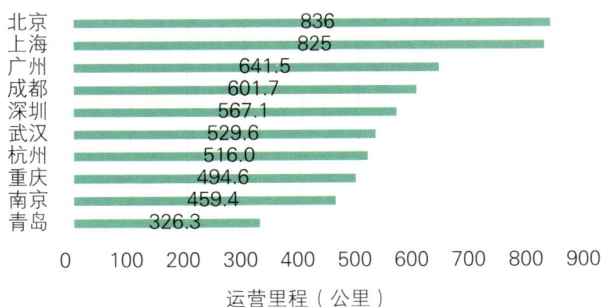

图 5-5 2023 年中国内地城市轨道交通运营里程前十名

资料来源：《2023 年城市轨道交通运营数据速报》。

市轨道交通线网密度居中国内地城市首位（图 5-6）。

2023 年深圳市城市轨道交通客运量达 27.11 亿人次，

同比增长 54.46%，全国排名第四（图 5-7）。

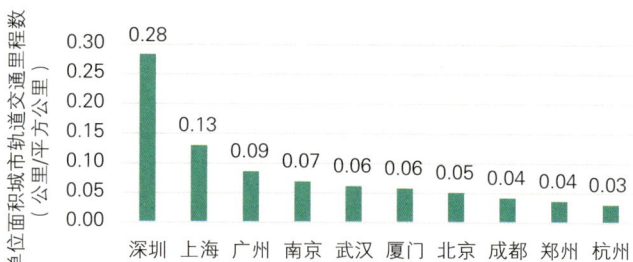

图 5-6　2023 年中国内地城市轨道交通线网密度前十名

资料来源：作者根据《2023 年城市轨道交通运营数据速报》数据整理。

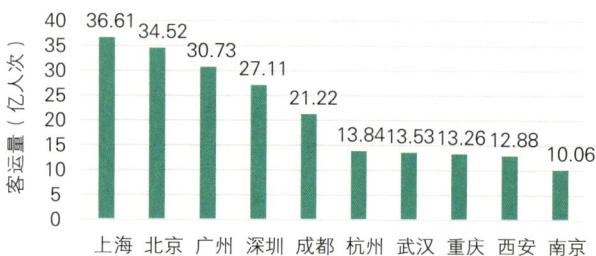

图 5-7　2023 年中国内地城市轨道交通客运量前十名

资料来源：《2023 年城市轨道交通运营数据速报》。

专栏 5-2　深圳地铁"轨道＋物业"盈利模式

深圳地铁在国内率先构建轨道建设、轨道运营、站城开发、资源经营"四位一体"的轨道交通核心价值链，形成独具特色的"深铁模式"，2022 年营业收入位居全国城市首位。

在借鉴港铁"轨道＋物业"模式的基础上，深圳地铁综合开发轨道沿线，利用站点人流聚集效应布局以公共交通为导向的开发模式（TOD）项目。一是充分利用站内空间建立商业业态，打造站厅、站街食品店、便利店、自助贩卖机等商业设施。二是充分利用站点周边土地，建造商业中心、住宅、写字楼、酒店等复合型功能空间，将开发和经营收益反哺地铁建设和运营。三是利用地铁周边上盖物业资源，通过为周边楼宇提供物业服务增加收益。

2022年，深圳地铁案例成为唯一入选《G20/OECD政策工具：动员融资机制以加强经济复苏期间地域和城市基础设施融资》报告的中国案例。深圳地铁的先进实践探索出轨道交通领域的"深圳样本"，为全国其他城市破解地铁盈利难题做出了先行示范，提供了"深圳方案"。

三、全力打造绿色低碳物流体系

1. 构建多式联运疏港体系

深圳市组织实施《深圳市落实推进多式联运发

展优化调整运输结构实施方案》，持续推进"公转水""公转铁"。依托组合港体系，大力发展"水水中转"，截至 2023 年底，水水集疏运占比达到 29.6%。大力发展海铁联运，运营海铁联运班列 33 条。2023 年底，深圳海铁联运累计完成 27.89 万标箱，同比增长 15.71%。有序推进港口集疏运完善工程、多式联运示范工程建设，其中盐田港多式联运项目已通过部级验收，被授予"国家多式联运示范工程"称号。

2. 岸电建设取得新进展

截至 2023 年底，深圳港已建成 24 套岸电设施，覆盖 49 个深水泊位及 12 个高速客船泊位，四大主要集装箱码头及蛇口邮轮母港均可提供岸电服务。2023 年，远洋船舶累计连接岸电 924 艘次，深圳港全港累计用电量 1965.04 万千瓦时，减排各类污染物约 559.61 吨，减排二氧化碳 12644.84 吨，远洋船舶岸电使用规模全国第一。

3. 绿色低碳港口运营成效凸显

深圳港港区内龙门吊已全部完成油改电，LNG 拖车、电力拖车、氢能拖车陆续投入使用，氢能集卡在妈湾智慧港口投入运营。"海上看湾区"游船采用油电混合动力，港作拖轮"盐田拖19"投入使用，成为我国首艘加装 SCR 尾气处理装置的拖轮。粤港澳大湾区首个 5G 绿色低碳港口妈湾智慧港，进驻 38 辆自动驾驶车辆，应用远程龙门吊、无人驾驶拖车、5G 无人机巡航、港口作业实时仿真、北斗高精度定位等先进技术，现场作业人员减少 80%，综合作业效率提升 30%，安全隐患减少 50%，碳排放量减少 90%。

4. 推动末端物流智慧绿色发展

深圳市支持物流企业共配，鼓励发展物流末端综合公共服务平台和智能快件箱等末端设施建设。截至 2023 年底，深圳市已备案末端公共服务站 3278 个，已铺设智能快件箱 20244 组、格口 183.4 万个，日均派件量 102.7 万件，智能快件箱投递率达 10.9%。持续推动快递包装"减量化、绿色化、可循环"，进一步推进过度包装和塑料污染两项治理。截至 2023 年底，电商快件不再二次包装率达 96.3%，使用可循环快递包装的邮件快件达到 1294 万件，循环中转袋使用率达 99.8%。推进邮政基础设施建设，分阶段新增建设一批自助智慧邮局、智慧报刊亭，截至 2023 年底，已建设智慧邮局 8 个、智能报刊亭 24 座。

第六章

现代建筑业绿色化智能化升级步伐加快

作为首批全国智能建造试点城市，深圳市高度重视建筑智能化转型，以坚实的步伐全力实施"六大体系"建设，以智慧监管构筑智能建造新格局，奋力推进深圳从"建造"走向"智造"，由智能建造国家"试点"迈向"示范"引领。

一、绿色建筑规模保持全国领先

2023 年，深圳市新竣工绿色建筑项目数达 243 个、面积超 2500 万平方米，同比分别增长 1.7% 和 39.8%（图 6-1）。深圳市绿色建筑总规模已超过 1.9 亿平方米，其中绿色建筑标识项目累计达到 1500 个。深圳成为全国绿色建筑建设规模最大和密度最高的城市之一。

（万平方米）

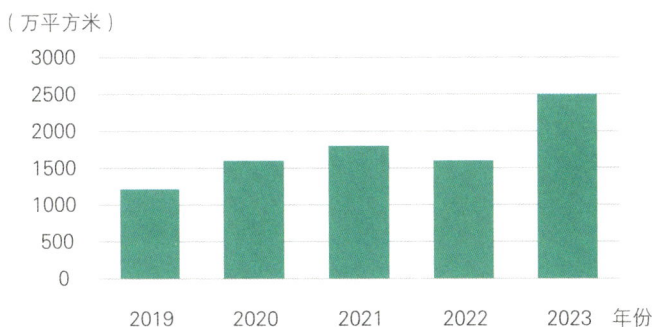

图 6-1　深圳市新竣工绿色建筑项目面积

资料来源：深圳市住房和建设局。

二、入选全国智能建造首批试点城市

2022 年 11 月，住建部发布通知，将深圳市等 24 个城市列为首批全国智能建造试点城市，为期 3 年。

为高质量完成智能建造试点城市建设任务，推动深圳高标准、高水平开展试点城市建设工作，2023 年 4 月，深圳市人民政府办公厅印发的《深圳市智能建造试点城市建设工作方案》（以下简称《工作方案》）提出，将通过技术标准、项目建设、产业培育、管理创新、人才培养、政策支持六大体系建设，推动智能建造与建筑工业化协同发展，智能建造发展整体水平居于国内领先地位，工程建设领域实现从建造、制造到智造的转变，成为全国智能建造试点城市典范（图 6-2）。

图 6-2　深圳市智能建造试点城市建设工作六大体系
资料来源：《深圳市智能建造试点城市建设工作方案》。

1. 技术标准体系

深圳不断加强技术创新，以技术研发为核心，持续培育创新载体，通过开展工程软件"筑基"、工程物联网"强联"、工程机械"增智"、工程大数据"汇云"，抢占智能建造技术竞争制高点。同时，新立项一批自主可控技术研发项目、积极申报国家级创新平台、加强标准体系建设，不断推动创新成果标准化。

2. 项目建设体系

深圳市交通运输局、市水务局、市建筑工务署以及市属国有企业带头开展智能建造项目试点，各区政府（新区、合作区管委会）在重点片区、重大项目中积极遴选；优先选择标准化程度高的工程项目，在项目立项、资金资助、招标采购等方面加大支持力度。同时，强化技术引导和技术培训，发布《深圳市智能建造技术目录（第一版）》，定期组织智能建造技术培训会，推动政府和国有资金投资工程率先应用。

3. 产业培育体系

深圳市大力构建产业生态，积极引导骨干企业转型与布局，重点发展模块化智造、智能生产、建筑产业互联网、数字孪生平台、人工智能（AI）数字设计、智能建造设备装备六大特色产业，发展壮大以建设单位为主的"链长"企业、以工程总承包企业为主的"链主"企业以及重点产业链"链核"企业，依托深圳建筑产业生态智谷等打造智能建造产业集群。

4. 管理创新体系

深圳市推行先进建设管理模式，探索实施工程建设数字化交付，建立健全与智能建造相适应的工程造价、检验检测、质量监管模式与机制，研究建立智能建造相关产品、单元模块等检测认证制度，从工程建设管理和政府管理两方面，加快建立与智能建造相适应的管理模式与机制。

5. 人才培育体系

建立高端紧缺人才、专业人才、产业工人三级人才培养机制，组建智能建造专家库，依托深圳本地高校开展专业人才培养，将智能建造专项技能纳入产业工人实训。

6. 政策支持体系

深圳市加快制定产业培育、科技创新、用地供应、税务金融、人才培育等全方位激励政策，推动资金资助、产业支持、考核保障等多项措施。在深圳市20大战略性新兴产业目录、产业结构优化调整目录中已明确数字设计、建筑产业互联网、建筑机器人等智能建造业态内容。

专栏 6-1　以试点项目驱动智能建造提质增效

2023年8月9日，深圳市发布62个智能建造试点项目，并进一步明确了智能建造技术实施路径、进度计划和保障措施，以确保高质量完成智能建造试点任务，形成可复制可推广的智能建造技术应用经验。在62个试点项目中，接近80%由政府投资或国有资金投资（表6-1），项目类型全面覆盖房屋建筑、市政工程、轨道交通、水务工程等多个领域，实现智能建造技术的多场景应用。对于政府投资项目，在项目立项审批时将增加智能建造相关费用；对于社会投资项目，计划予以资金资助。

试点项目优先遴选学校、保障性住房、"工业上楼"建筑等标准化程度高的民生项目，以实施"项目建设联合管理团队（IPMT）+设计采购施工总承包（EPC）+监理"模式、全过程数字化交付模式（IDD），集成应用数字设计、智能生产、智能施工、智慧运维、建筑产业互联网、智能建造设备装备等技术，保障试点项目高质量实施。通过试点项目的标杆引领，加快推进建筑业转型升级，不断驱动智能建造发展提质增效。

表 6-1　2023 年度深圳市智能建造试点项目一览表

序号	项目名称	建设单位
1	侨城东路北延通道工程	深圳市交通公用设施建设中心
2	深圳市茜坑水库除险加固工程	深圳市北部水源工程管理处
3	福田水质净化厂二期工程	深圳市水务（集团）有限公司
4	公明水库 - 清林径水库连通工程	深圳市原水有限公司
5	南方科技大学医学院项目	深圳市建筑工务署工程管理中心
6	深圳自然博物馆	深圳市建筑工务署文体工程管理中心
7	深圳音乐学院	深圳市建筑工务署教育工程管理中心
8	深圳机场东综合交通枢纽工程	深圳市地铁集团有限公司
9	深超总 C 塔及相邻地块项目	深圳湾区城市建设发展有限公司
10	新桥东恒安苑（A325-0228）	深圳市宝实置业有限公司
11	宝龙生物医药特色产业园二期项目	深圳湾宝龙生物创新投资发展有限公司
12	龙岗园山优质产业空间试点项目	深圳市特区建工集团有限公司
13	前海国际枢纽中心项目 -T4 栋	深圳市地铁集团有限公司
14	坪山区沙湖保障性租赁住房项目	深圳市坪山人才安居有限公司

序号	项目名称	建设单位
15	国际体育文化交流中心建设项目主体工程	深圳市福田区建筑工务署
16	白沙岭抢险维修及服务调度中心	深圳市燃气集团股份有限公司
17	深圳国际交流中心（一期）B303-0064地块	深圳香蜜湖国际交流中心发展有限公司
18	天荟公寓	深圳市京基房地产股份有限公司
19	宸悦府	深圳市京基房地产股份有限公司
20	罗湖区城建集团"工改保"项目	深圳市城市建设开发（集团）有限公司
21	清水河重点片区棚户区改造项目	深圳市罗湖投控置地有限公司
22	深圳博元大厦主体建设工程	腾博企业发展（深圳）有限公司
23	特发小梅沙觐海广场项目	深圳市特发小梅沙投资发展有限公司
24	特发小梅沙湾畔家园项目	深圳市特发小梅沙投资发展有限公司
25	盐田区梅沙街道小梅沙片区城市更新单元02-10地块主体工程	深圳市特发小梅沙投资发展有限公司
26	南山区中医院项目	深圳市南山区建筑工务署
27	桃源街道红花岭工业南区更新单元（暂定名）-02-02地块	深圳市深汇通投资控股有限公司

续表

序号	项目名称	建设单位
28	桃源街道红花岭工业南区更新单元	深圳市深汇通投资控股有限公司
29	汉京花园	深圳市新建投资发展有限公司
30	瑞声科技高端精密制造产业总部项目	瑞声声学科技（深圳）有限公司
31	西乡街道蠔芳小学新建工程	深圳市宝安区建筑工务署
32	石岩中心地区九年一贯制学校新建工程	深圳市宝安区建筑工务署
33	福永人民医院扩建（二期）	深圳市宝安区建筑工务署
34	福海街道立新湖九年一贯制学校新建工程项目	深圳市宝安区建筑工务署
35	海岚居项目	深圳市宝安人才安居有限公司
36	新桥东先进制造产业园二号园区（A325-0230）	深圳市宝实置业有限公司
37	燕罗智能网联汽车产业园工业保障房第Ⅱ标段	深圳市燕罗智能网联汽车产业发展有限公司
38	"互联网＋"未来科技城项目DY01-05街坊07地块（幼儿园）	腾讯科技（深圳）有限公司
39	平湖街道平湖北九年一贯制学校新建工程	深圳市龙岗区建筑工务署
40	吉华街道水径九年一贯制学校新建工程	深圳市龙岗区建筑工务署

序号	项目名称	建设单位
41	宝龙上井片区半导体与先进制造园项目（项目一期 05-04-02 地块）	深圳市盛鑫实业发展有限公司
42	深圳建筑产业生态智谷总部基地一期	深圳市龙岗区城投绿色低碳新能源产业发展有限公司
43	龙岗区宝龙东 04 10 地块项目	深圳市龙岗人才安居有限公司
44	智能建造产业园	深圳市海龙建筑科技有限公司
45	深高北校区扩建工程	深圳市龙华区建筑工务署
46	同胜学校改扩建	深圳市龙华区建筑工务署
47	龙华区妇幼保健院项目	深圳市龙华区建筑工务署
48	深圳鹏城技师学院龙华校区、松平公园项目	深圳市龙华区建筑工务署
49	龙华区和平工业园城市更新项目	深圳市龙华经济发展有限公司
50	秀沙学校	深圳市坪山区建筑工务署
51	中建科技深圳科研产业基地项目	中建科技集团有限公司
52	薯田埔第三学校	深圳市光明区建筑工务署
53	合水口学校	深圳市光明区建筑工务署
54	光明区荣胜小学项目（暂定名）	深圳市光明区建筑工务署
55	长圳片区预制式学校项目（暂定名）	深圳市光明区建筑工务署
56	长圳保障房片区学校扩建项目	深圳市光明区建筑工务署

续表

序号	项目名称	建设单位
57	光明区凤凰街道轨道 13 号线车辆段片区重点城市更新单元（暂定名）	深圳市润宏房地产有限公司
58	白石岗学校	深圳市大鹏新区建筑工务署
59	东部滨海先进制造业园区"工业上楼"项目 DY04-11 地块	深圳市鹏远置地有限公司
60	大鹏新区葵冲街道葵新社区白石岗片区城市更新单元项目	深圳市鹏泰投资开发有限公司
61	鹏美花园	深圳市吉创房地产开发有限公司
62	鑫美机器人厂区	深汕特别合作区鑫美安防机器人公司

注：不包括滨河星都项目。该项目已申请退出智能建造试点。
资料来源：《2023 年度智能建造试点项目一览表》。

深圳市还将建筑产业互联网、建筑机器人等智能建造相关业态纳入深圳市 20 大战略性新兴产业目录中，推动智能建造产业发展。以中建科工、中建科技、中建海龙、特区建工为代表的建筑企业已向智能建造转型，华为、腾讯、深智城、大疆、小库、万翼等信息技术、装备制造企业也已纷纷布局智能建造产业。依托深圳高新技术产业园区推动建设智能建造产业园区，在龙岗区落地"深圳建筑产业生态智谷"，拟打造千亿级建筑产业集聚区域。

未来，深圳将严格落实试点实施方案，以科技创新为动能，不断集聚发展合力，致力于打造可复制可推广的智能建造深圳模式，书写从智能建造"试点"迈向"示范"的新篇章。

三、加强建筑领域碳排放智慧监测与管理

1. 首个建筑领域"双碳大脑"上线

2023 年 9 月 11 日，由深圳市住房建设局与南方电网深圳供电局联合发布的全国首个建筑领域碳排放监测与管理系统在深圳上线。该系统是基于 2021 年上线运行的南方电网"双碳大脑"平台开发打造的，通过采集建筑的用电量、面积、地理坐标等数据，利用人工智能算法实现能耗及碳排放测算模型，可以计算出单栋建筑物碳排放量及能耗总量、碳排放强度和

用能强度等关键性指标，为深圳市进行建筑物能耗测算及标准制定、同类型建筑物间的对标等工作提供了有力的数据支撑。

依托"双碳大脑"大数据分析能力，可分析各类建筑的节能降碳潜力及其节能减碳贡献率，对深圳市各类建筑碳排放标准制定及碳排放量进行精确测控管理，助力政府更有针对性地降低能耗。通过政企数据共享平台实现与深圳市住房和建设局建筑数据互通互联，该系统将成为针对建筑领域碳排放监测及管理的"参谋"，为打造"双碳"发展深圳模式添砖加瓦。

深圳的建筑"电气化"程度较高，用电量占建筑用能约 80% 以上，用电量数据与碳排放监测紧密挂钩。目前，深圳市共有 2 万多栋建筑物已先行试点实现碳排放、能耗相关指标的自动采样计算和数据动态监测。下一阶段，深圳市住房建设局将继续携手南方电网深圳供电局，不断丰富完善建筑领域碳排放监测与管理系统功能，研究建筑能效分级影响因素，为后续联合制定《深圳市公共建筑能效分级标准》提供依据，共同为低碳城市建设提供服务支撑。

2. 推动公共建筑节能监测

在平台建设方面，深圳市还建设了公共机构节能管理平台、公共建筑能耗管理系统以及"深圳节能在线"公共服务平台（图6-3）对建筑能耗进行监测。其中，深圳市公共机构节能管理平台项目主要监测对象为市直属机关楼宇，计划供全市近2000家公共机构使用；深圳市公共建筑能耗管理系统主要监测建筑面积在2万平方米以上的公共建筑，截至2023年底，已经对接了1100栋大型公共建筑的能耗数据，平均在线率90%以上。此外，深圳市明确新建公共建筑在竣工验收前，须将分项能耗数据连入市级数据中心，目前已实现约1000栋既有建筑运行能耗的分项计量和实时监测，精准开展建筑节能监察工作。

图6-3 "深圳节能在线"公共服务平台

图片来源：深圳市工业和信息化局"政务平台"。

四、推动实施建筑废弃物全过程智慧监管

深圳市组织开发的建筑废弃物智慧监管系统（图6-4），可实时采集全市建设工程的建筑废弃物排放情况、运输车辆和船只行驶轨迹、消纳场所受纳情况等信息，可对全市建筑废弃物排放、运输、中转、回填及消纳、利用等过程进行全流程、全方位、全天候的智慧监管，实现从建筑废弃物的产生源头、运输路线、末端处置的"两点一线"闭环管理。截至2023年底，智慧监管系统已涵盖2000多个建设工地、300多家运输企业、1万余台泥头车，日均产生电子联单2万余条。

基于深圳市建筑废弃物智慧监管系统，2023年3月9日，广东省住建厅统筹部署开发的"广东省建筑垃圾跨区域平衡处置协助监管平台"正式上线运行，助力政府部门实现跨地域、跨层级、跨部门的协作监管，为企业提供了建筑垃圾跨区域平衡处置的一站式服务，进一步推动了广东省城市间建筑垃圾平衡处置

工作。这也标志着全国首个省级建筑垃圾跨区域平衡处置协作监管平台正式投入使用，推动深圳建筑废弃物监管模式开始走出深圳、服务全省。

图 6-4　深圳市建筑废弃物智慧监管系统登录界面

图片来源：深圳市建筑废弃物智慧监管系统。

第七章

打造绿色低碳生态宜居城市

作为首批国家低碳试点城市，深圳市强化体制机制创新，加大绿色宣传力度，促进节能降耗和生态环境保护，推动全社会形成绿色低碳、可持续的生产生活方式。现阶段，深圳市逐步形成政府、企业、居民共建共治共享的社会治理格局，共同探索"低碳"可持续发展的美好未来，凝聚合力打造人与自然和谐共生的美丽深圳。

一、扎实推进废旧物资循环利用

1. 打造废旧物资高效循环利用"城市典范"

作为"废旧物资循环利用体系建设重点城市"，深圳市大力支持资源回收和废物资源化利用。《深圳市废旧物资循环利用体系建设实施方案（2023—2025年）》要求，基本建成回收点前端投放、中转站枢纽回收、分拣中心末端分拣、区域加工利用"全过程""全链条"的废旧物资循环利用体系（图7-1）。再生资源回收行业"小散乱"现象明显改观。再生资源与二手商品流通的制度、技术、监管保障体系趋于完善，交易规模明显提升。二手汽车经销商澳康达集团综合实力在国内同行中首屈一指，竞争力强劲，2023年销售额超50亿元，同此增速约24%，其"自有品牌、自建展厅、自主经营"模式引领行业发展。深圳市探索建立废旧物资碳减排机制，争取率先建成城市废旧物资高效循环利用"城市典范"，为推动实现碳达峰碳中和目标作出贡献。

2. 部署废旧物资循环利用体系

一是健全废旧物资回收网络，通过增建回收网点、分拣中心、拆解处理中心构建回收链条，并积极培育回收链条内废旧物资骨干企业，加强链条过程信息化建设和秩序监管。二是完善废旧物资利用设施，提升生活垃圾、工业固体废物和废旧动力电池的再利用水平。三是以技术创新促进废旧物资加工利用

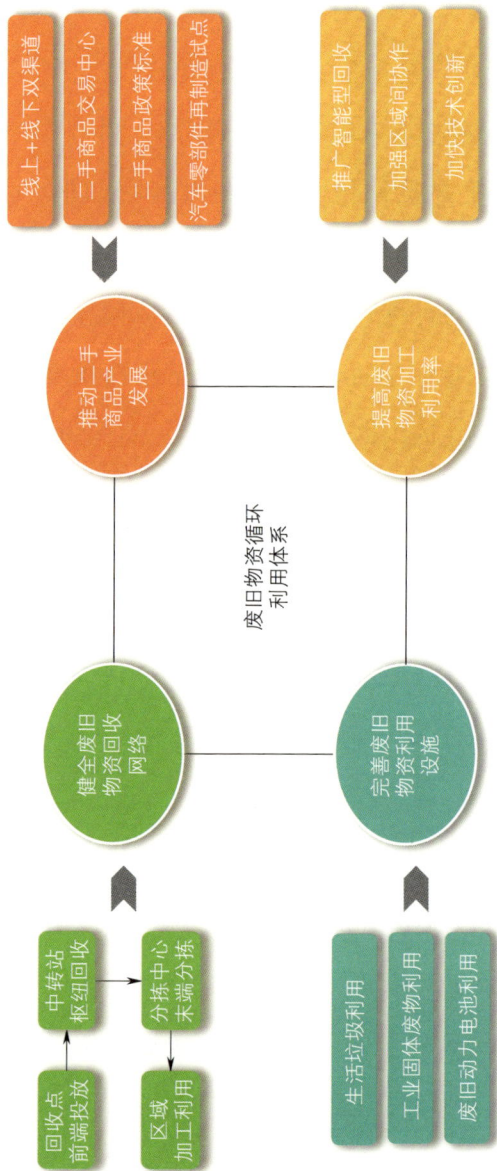

图 7-1　深圳市废旧物资循环利用体系

资料来源：《深圳市废旧物资循环利用体系建设实施方案（2023—2025 年）》。

率，包括经营服务模式创新、科技产业园建设和发挥产学研融合优势。四是推动二手商品产业发展，以二手商品政策标准体系为基础，探索线上线下协同模式，打造二手商品交易中心，开展汽车零部件再制造试点。

二、山海连城建设取得显著成效

1. 打造"山海城园"有机融合的城市建设方案

自 2023 年 1 月《中共深圳市委关于深入推进"山海连城绿美深圳"生态建设的意见》出台以来，深圳市持续加大"山海连城绿美深圳"生态建设实施力度。"山海连城绿美深圳"生态建设实施方案按照总体规划、分步实施、滚动推进的行动路径，以"贯通一脊一带二十廊，构建鹏城万里多层次户外步道体系"为目标，大力推进户外休闲步道、自然郊野空间、城市公园群、生态体系等建设，夯实山海连城绿色生态基底，加快打造国际一流的公园城市，力争通过 2023—2025 年三年时间，基本实现连生态、连生产、连生活，营造通山、达海、贯城、串趣的生态游憩网络（图 7-2、图 7-3）。

图 7-2　深圳湾步道

图片来源：深圳市发展和改革委员会。

2. 建设工作有序推进

截至 2023 年底，"一脊"基本实现 420 千米"三径三线"远足径贯通；"一带"已连通约 140 千米滨海骑行道；"二十廊"已开工建设 4 条山廊及 8 条水廊；"二十公园群"已明确各区任务并完工 35 个项目；"特色步道"已全部确定 100 条选线方案，首批 40 条特色步道即将落地。

图 7-3　福田区五园连通

图片来源：深圳市发展和改革委员会。

三、高标准推进"国际红树林中心"建设

1. 全球首个"国际红树林中心"落户深圳

深圳市致力于打造红树林湿地生态系统保护的典

范城市，成为展现人与自然和谐共生的现代化"先行实践者"。高标准高质量推进"国际红树林中心"建设（图7-4），印发实施《国际红树林中心（深圳）筹建工作方案》《深圳市红树林保护修复行动计划（2021—2025年）》，明确红树林中心筹建任务分工，细化红树林营造修复任务。搭建重要湿地、湿地类型自然保护区、湿地公园、湿地保护小区和小微湿地的湿地保护体系。广纳海内外人才、统筹财政和社会资金投入湿地生态保护事业（图7-5）。

截至2023年底，深圳市已完成红树林营造15.48公顷、修复已有红树林103.08公顷。现有红树林分布区域已划定为自然保护地共8处，包括2个自然保护区、6个湿地公园。在上述保护地中，红树林面积达185.30公顷，占全市红树林的62.56%。其中，深圳湾滨海红树林湿地项目获评自然资源部"基于自然的解决方案"十大修复案例、广东省首届国土空间生态修复十大范例。

2. 率先探索红树林碳汇交易

2023年5月，深圳市发布全国首个以保护生物多样性和应对气候变化为目标的《红树林保护项目碳汇方

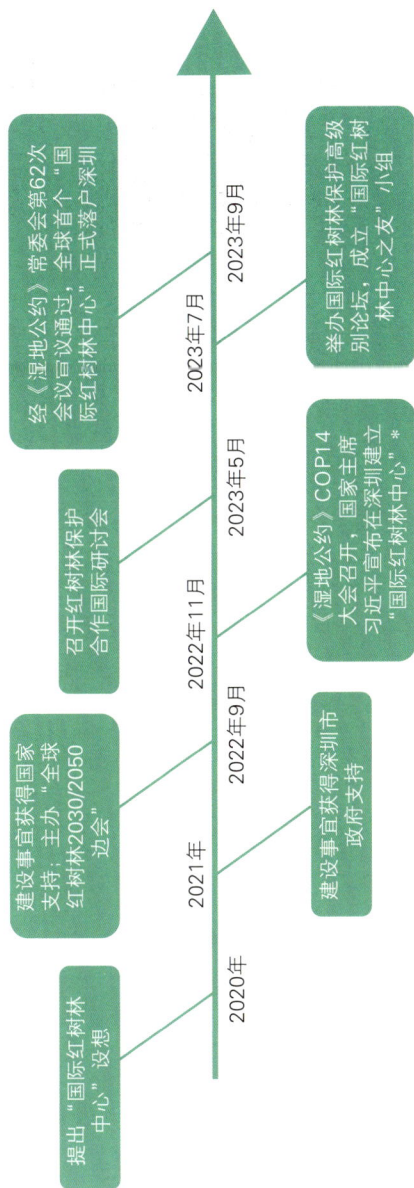

图 7-4　"国际红树林中心"筹建大事记

2020年　提出"国际红树林中心"设想

2021年　建设事宜获得国家支持：主办"全球红树林2030/2050边会"

2022年9月　召开红树林保护合作国际研讨会

2022年11月　经《湿地公约》常委会第62次会议审议通过，全球首个"国际红树林中心"正式落户深圳

2023年5月　《湿地公约》COP14大会召开，国家主席习近平宣布在深圳建立"国际红树林中心"*

2023年7月　建设事宜获得深圳市政府支持

2023年9月　举办国际红树林保护高级别论坛，成立"国际红树林中心之友"小组

* 《习近平在〈湿地公约〉第十四届缔约方大会开幕式上的致辞（全文）》，新华社，2022 年 11 月 5 日。
资料来源：《"国际红树林中心"筹建大事记》，《深圳特区报》2023 年 9 月 7 日。

123

图 7-5　红树林保护区内栖息的鸟类

图片来源：深圳市发展和改革委员会。

法学》，填补了国内自然生态系统保护类碳汇项目方法学空白，加快推动了海洋蓝碳价值转化。结合"国际红树林中心"建立契机，深圳市积极谋划政府主导、企业和社会各界参与的市场化、多元化生态产品价值实现的新路径，选取福田红树林自然保护区内的红树林，率先开展碳汇项目开发与交易。2023 年 9 月，"全国红树林保护碳汇第一拍"以 485 元 / 吨的价格成交，刷新全国碳汇市场最高单价，拍卖历经 92 轮激烈竞价，17 家企业参与竞拍，合计成交碳汇量 3875 吨、总价超 187 万元。

四、全力打造绿色宜居环境

1. 持续推进绿色生活创建行动

近年来，深圳市共发布《绿色家庭评价规范》等 10 个绿色生活创建行动的深圳地方标准，旨在实现深圳市绿色创建活动的标准化。这些措施在全国环境教育领域具有引领性、开创性。2022 年底，深圳市印发《深圳市绿色生活创建行动实施方案》，持续推进绿色生活创建行动。据统计，2021 年至 2023 年底，深圳市共计创建节约型机关、绿色家庭、绿色学校、绿色社区、绿色商场、绿色酒店、绿色医院、绿色企业、绿色建筑等绿色单位 1243 个。其中，累计创建绿色学校 563 所、绿色幼儿园 467 所，绿色学校创建率已达 70%，绿色幼儿园创建率已达 50%；并完成 519 个深圳市绿色（宜居）社区的认定工作，创建率约 78%；11 家商场获评绿色商场。

2. 稳步推进光污染和新污染物管控

市级重大项目玉龙填埋场环境修复工程正式立

项，充分发挥片区生态优势，以环境修复为引领、重大产业为支撑，全力打造国家级环境修复示范项目和全国首个中心城区"环境治理＋开发建设＋产城融合＋创新引领"的发展样本。深圳市发布全国首部夜间光环境地方标准《夜间光环境区域限值》，为光污染治理提供技术支撑。深圳市严格执行城市照明专项规划，创建西涌国际暗夜社区，打造大鹏星空公园；完成废气二恶英监测工作，开展海上田园子站、国际低碳城子站等5个点位环境空气中消耗臭氧层物质（ODS）监测工作，开展环境空气中双对氯苯基三氯乙烷（DDT）、六氯苯等7种持久性有机污染物（POPs）监测工作；完成深圳水库、西丽水库等5大饮用水源地首轮饮用水水源地枯水期、丰水期持久性有机污染物、抗生素、内分泌干扰物等新污染物调查监测、环境行为分析、生态与健康风险评估；筛查涉14类新污染企业清单，开展《关于持久性有机污染物的斯德哥尔摩公约》（以下简称"POPs公约"）履约评估，顺利完成六溴环十二烷（HBCD）豁免到期淘汰。深圳市成为全国第一个开展城市级POPs公约履约评估的城市，实现本地优控化学品全部安全管控。通过一系列体制机制改革和专项行动，深圳市在各类污染物管控和治理方面走在全国前列，为我国推动绿色发展贡献力量。

专栏 7-1 深圳成立中国首个国际暗夜社区

1. 先行建设暗夜保护示范区。深圳市西涌社区于 2023 年 3 月成功通过国际暗夜天空协会（IDA）认证，成为国内首个、亚洲第二个国际暗夜社区。西涌社区地处深圳市大鹏半岛最南端，包括深圳市天文台、西涌沙滩以及鹤薮、芽山、新屋等 8 个自然村落，占地面积约 10.9 平方千米，具有深圳市最完整的自然生态系统，森林覆盖率达 90%。

2. 暗夜社区创建工作多管齐下。在国际暗夜社区的创建过程中，深圳市多方单位群策群力，从政策制定、照明治理、活动筹划、宣传推广等多方面入手，形成了辖区内的商户、居民共建共治共享的社会治理格局。一是制定《西涌暗夜社区光环境管理办法》，为社区暗夜环境的改善提供了切实的法规支持，确保照明设施改造有序推进。二是对社区内照明灯具进行调整角度、改变色温以及更换亮度过高的广告牌等方式实行全面精准整改，改造后符合国际暗夜标准的照明灯具数量达到总数的 51%（图 7-6）。三是精心策划"大湾区暗夜天文科技节"等系列主题暗夜活动，并在国际舞台上积极亮相，传递国际暗夜社区理念。四是采取视频、手册等灵活多样的宣传手段，引导公众融入暗夜社区共建。

图 7-6　西涌社区灯具改造前后对比

图片来源：深圳市发展和改革委员会。

3. 探索"暗夜经济 + 生态健康"新模式。改造后的西涌社区暗夜环境和生态环境得到明显提升，晴天环境下的天光背景和极限星等得到改善，夜空环境光害等级降至4级，成为粤港澳大湾区著名的天文观星胜地。西涌旅游资源由原有的海滩扩展到山海、天文、暗夜萤火虫等全方位自然生态资源，将打造成集暗夜保护、天文观测、星空摄影、度假旅游、休闲娱乐、科普教育于一体的城市及夜间活动品牌和暗夜保护示范区。

4."西涌经验"熠熠生辉。西涌暗夜社区的创建对深圳市暗夜保护示范区建设、打造中国典范城市意义重大。国际暗夜协会执行主席在西涌国际暗夜社区的授牌仪式上盛赞西涌是"灯塔般的示范"。西涌暗夜社区的经验充分证明了构建城市明亮夜空和避免光污染可齐头并进，人与自然可以和谐共处。

第八章

持续开展绿色低碳开放合作

　　绿色低碳转型和可持续发展是中国与世界各国的共同需求。面对新机遇与新挑战，深圳市建立开放包容、共建共享、合作共赢的国际合作机制，加强绿色技术创新，深化绿色项目合作，推动政策机制改革，让绿色低碳发展合作向更宽领域、更深层次、更高水平拓展，形成了一批特色亮点做法，为全球贡献"深圳力量"和"深圳方案"。

一、推动粤港澳大湾区碳足迹认证

　　2022 年 10 月，深圳市印发《创建粤港澳大湾区碳足迹标识认证 推动绿色低碳发展的工作方案

（2023—2025）》，指导构建产业绿色低碳转型与产品赋能绿色消费相互促进的发展格局。此后，深圳市向全球公开发布粤港澳大湾区碳足迹标识（图 8-1）。截至 2023 年底，发布《产品碳足迹评价技术规范　手机》《产品碳足迹评价技术规范　微型计算机》等 6 项产品碳足迹评价技术规范地方标准（表 8-1），以及《碳足迹评价通用技术要求》《碳足迹数据质量评价技术规范》《绿色低碳产品评价　抗菌剂》《水蓄能工程绿色施工方法及验收规范》等 55 项团体标准，累计制定 61 项标准。

图 8-1　粤港澳大湾区碳足迹标识

图片来源：2022 碳达峰碳中和论坛暨深圳国际低碳城论坛。

表 8-1　深圳市生态环境领域地方标准发布清单

序号	标准编号	标准名称	发布日期	实施日期
1	DB4403/T272-2022	入河（海）排放口设置技术规范	2022/11/24	2022/12/01
2	DB4403/T270-2022	基于图像识别的林格曼黑度电子抓拍识别系统通用技术要求	2022/11/14	2022/12/01
3	DB4403/T281-2022	产品碳足迹评价技术规范 服装	2022/12/12	2023/01/01
4	DB4403/T282-2022	产品碳足迹评价技术规范 微型计算机	2022/12/12	2023/01/01
5	DB4403/T283-2022	产品碳足迹评价技术规范 家用纺织品	2022/12/12	2023/01/01
6	DB4403/T284-2022	产品碳足迹评价技术规范 乳制品	2022/12/12	2023/01/01
7	DB4403/T285-2022	产品碳足迹评价技术规范 手机	2022/12/12	2023/01/01

序号	标准编号	标准名称	发布日期	实施日期
8	DB4403/T286-2022	产品碳足迹评价技术规范 印刷品	2022/12/12	2023/01/01
9	DB4403/T302-2022	电动汽车司乘人员电磁曝露评估技术规范	2022/12/28	2023/01/01
……	……	……	……	……

资料来源：深圳市市场监督管理局。

二、加强都市圈生态环境共保共治

推动深莞惠联合执法，促进河流水质稳定达标，印发《深圳市边界片区生态环境治理攻坚方案》，联合东莞市全面整治茅洲河东莞侧一级支流及塘下涌等跨界河流，协调惠州市加强黄沙河氟化物专项整治。健全跨界联合监管执法制度，与东莞、惠州生态环境部门联合印发《深莞惠生态环境联合交叉执法三年行动方案（2021—2023年）》，定期组织开展"深莞惠联合执法行动周"活动，推动茅洲河、深圳河、龙岗河等跨界河流水质稳定达标。2021 年至 2023 年底，深莞惠多次开展市、区级联合执法行动；编制龙岗河、坪山河环境应急响应方案，完成龙岗河实战应急演练和坪山河桌面演练，逐步健全东江流域突发环境事件应急联动机制；同时，加强深港联合治理深圳河，利用深港环保合作专班、深港联合治理深圳河工作小组等平台，积极同香港环保署等有关部门会面、交流，协调石湖墟污水处理厂总磷提标，推动香港侧支流梧桐河水质得到快速提升。联合治理成果显著，深圳河河口、茅洲河共和村、龙岗河鲤鱼坝均达到地表水 Ⅲ 类标准。

三、积极开展绿色低碳国际交流

近年来，深圳市围绕绿色低碳、能源、建筑等领域，组织召开了一系列国际会议、专题展会和交流论坛，为深圳市与国外部分国家和地区、国际组织、知名企业、国内外专家学者等创造了充分的交流机会。

比如，2023 年深圳市主办了首届国际数字能源专题展会，吸引超过 100 个国家和地区的 407 家国际数字能源龙头企业以及近 2000 名能源学者、智库专家和全球能源企业领袖参加，超过 6.8 万人次专业公众现场观展，展会期间发布 99 项能源数字化成果。特别是，连续举办了 10 年的深圳国际低碳城论坛，成为全球推动减排降碳的重要对话平台，持续彰显中国应对气候变化和实现"双碳"目标的信心与决心。深圳市组织开展的一系列国际交流平台，有力地促进了知识、技术、资本、服务等高端创新要素流通，对构建高效、可持续的绿色低碳产业体系发挥了积极作用。

展望

党的十八大以来，以习近平同志为核心的党中央把生态文明建设摆在全局工作的突出位置，将"绿色"作为重要内容纳入新发展理念。2024 年政府工作报告强调"加强生态文明建设，推进绿色低碳发展"，绿色日益成为我国经济社会高质量发展的鲜明底色。深圳市始终坚持将生态文明理念融入城市发展的各领域、全过程，奋力书写生态文明新征程上的"深圳答卷"，为建设美丽中国贡献出"深圳经验"。

立足新的发展阶段，深圳将继续坚持以习近平生态文明思想为指导，抢抓国家"双碳"战略机遇，不断完善绿色低碳发展格局。以高品质生态环境支撑高质量发展，加快推进人与自然和谐共生的现代化。

一是持续稳步推进碳达峰碳中和。加快完善深圳市碳达峰碳中和政策体系，推动各区出台节能降碳行动计划。推进重点领域降碳，严格实施清洁生产审核，加快构建深圳市绿色制造体系。建筑领域，严格执行绿色建筑标准、抓好新建建筑节能设计，引导既有建筑节能改造。交通领域，加快推广新能源汽车，完善慢行系统等基础设施建设，推广船舶岸电，推进制氢加氢能源示范站等基础设施建设，推动在交通领域形成一批示范应用场景。优化"双碳"市场机制，做大做强深圳碳市场，有序扩大深圳碳市场管控范围和交易范围。

二是积极探索能耗双控向碳排放双控实施路径。建立碳排放双控目标责任和评价考核制度，科学建立全市碳排放双控指标体系，综合考量经济发展、能耗及碳排放水平、产业结构以及新上项目，科学合理分解碳排放双控目标。健全碳预算管理、碳排放综合评价、计量认证等配套制度，全面夯实碳排放双控基础。

三是进一步推进低碳试点示范。大力推进零碳园区建设，制定推进零碳园区建设工作方案，探索零碳园区建设路径。积极申报绿色低碳先进技术示范项目，加快绿色低碳先进适用技术应用和推广。推进重点领域绿色低碳技术应用示范，推进近零排放电力系统技术应用示范，推进碳捕集、利用与封存技术集成应用示范，推进"深绿"交通技术应用示范，推进零碳建筑技术应用示范。

四是继续推动生产生活方式绿色转型。加快节能降碳先进技术研发和推广应用，推动绿色技术创新成果转化示范应用，抢占绿色金融、绿色建筑、绿色交通等绿色低碳产业发展制高点。构建绿色建造体系，推进智能建造与建筑工业化协同发展，打造建筑产业生态智谷。落实全面节约战略，推进各类资源节约集约利用，深化垃圾强制分类，引导全民绿色消费，鼓励宾馆、酒店、景区推行绿色旅游、绿色消费措施，积极建设节水典范城市和废旧物资循环利用体系示范城市。

2023年10月，国家发展改革委印发《国家碳达峰试点建设方案》，提出"坚持积极稳妥、坚持因地制宜、坚持改革创新、坚持安全降碳"4条工作原则和2025年、2030年的主要目标，为深圳进一步践行绿色低碳发展指明了方向。未来，深圳将肩负起先行示范区建设的历史使命，继续深入践行习近平生态文明思想，以高度的责任感、使命感、紧迫感和先行示范标准，稳妥推进经济社会全面绿色低碳循环发展。促进经济社会发展全面绿色转型，用好国内国际两个市场、两种资源，确保发展建立在更加合理利用资源、更可持续、更为安全的基础上，为深圳建设好中国特色社会主义先行示范区、创建社会主义现代化强国的城市范例提供有力保障。